大连理工大学管理论丛

中国企业对外直接投资动因、绩效与案例研究

叶 娇 著

本书由大连理工大学经济管理学院资助。

本书为国家自然科学基金项目"跨国并购促进后发企业价值升级的机理研究：价值网络理论的视角"（项目编号：71903020）、教育部人文社会科学研究项目"企业跨国并购决策与绩效——基于价值网络视角的机理研究"（项目编号：19YJC790174）成果。

科学出版社

北 京

内 容 简 介

本书通过回顾对外直接投资的相关理论,对主要国家对外直接投资实践进行比较分析,梳理中国企业对外直接投资的发展历程并对现状进行分析,重点进行中国企业尤其国有企业对外直接投资动机的分析,结合动机开展企业对外直接投资绩效分析,并辅以实证计量与案例方法研究中国企业对外直接投资的动因及绩效表现,最后对此进行讨论思考和提出政策建议,以期有益于我国未来对对外直接投资的引导和服务,推动我国"走出去"战略更好地实施布局。

本书可供对中国企业对外直接投资行为感兴趣的读者阅读,也适合国际贸易专业的各层次学生和相关从业人员阅读。

图书在版编目(CIP)数据

中国企业对外直接投资动因、绩效与案例研究 / 叶娇著. —北京:科学出版社,2023.3

(大连理工大学管理论丛)

ISBN 978-7-03-071610-1

Ⅰ. ①中…　Ⅱ. ①叶…　Ⅲ. ①企业-对外投资-直接投资-研究-中国　Ⅳ. ①F279.23

中国版本图书馆 CIP 数据核字(2022)第 031913 号

责任编辑:邓 娴 / 责任校对:贾娜娜
责任印制:赵 博 / 封面设计:无极书装

科 学 出 版 社 出版
北京东黄城根北街 16 号
邮政编码:100717
http://www.sciencep.com

北京科印技术咨询服务有限公司数码印刷分部印刷
科学出版社发行　各地新华书店经销

*

2023 年 3 月第 一 版　开本:720×1000　1/16
2025 年 2 月第四次印刷　印张:10 1/2
字数:220 000
定价:112.00 元
(如有印装质量问题,我社负责调换)

丛书编委会

总　序

编写一批能够反映大连理工大学经济管理学科科学研究成果的专著，是近些年一直在推动的事情。这是因为大连理工大学作为国内最早开展现代管理教育的高校，早在 1980 年就在国内率先开展了引进西方现代管理教育的工作，被学界誉为"中国现代管理教育的摇篮，中国 MBA 教育的发祥地，中国管理案例教学法的先锋"。

大连理工大学管理教育不仅在人才培养方面取得了丰硕的成果，在科学研究方面同样也取得了令同行瞩目的成绩。在教育部第二轮学科评估中，大连理工大学的管理科学与工程一级学科获得全国第三名的成绩；在教育部第三轮学科评估中，大连理工大学的工商管理一级学科获得全国第八名的成绩；在教育部第四轮学科评估中，大连理工大学工商管理学科和管理科学与工程学科分别获得 A−的成绩，是中国国内拥有两个 A 级管理学科的 6 所商学院之一。

2020 年经济管理学院获得的科研经费已达到 4345 万元，2015 年至 2020 年期间获得的国家级重点重大项目达到 27 项，同时发表在国家自然科学基金委员会管理科学部认定的核心期刊的论文达到 1000 篇以上，国际 SCI、SSCI 论文发表超 800 篇。近年来，虽然学院的科研成果产出量在国内高校中处于领先地位，但是在学科领域内具有广泛性影响力的学术专著仍然不多。

在许多的管理学家看来，论文才是科学研究成果最直接、最有显示度的体现，而且论文时效性更强、含金量也更高，因此出现了不重视专著也不重视获奖的现象。无疑，论文是科学研究成果的重要载体，甚至是最主要的载体，但是，管理作为自然科学与社会科学的交叉成果，其成果载体存在的方式一定会呈现出多元化的特点，其自然科学部分更多地会以论文等成果形态出现，而社会科学部分则既可以以论文的形态呈现，也可以以专著、获奖、咨政建议等形态出现，并且同样会呈现出生机和活力。

2010 年，大连理工大学决定组建管理与经济学部，将原管理学院、经济系合并，重组后的管理与经济学部以学科群的方式组建下属单位，设立了管理科学与工程学院、工商管理学院、经济学院以及 MBA/EMBA 教育中心。2019 年，大连理工大学管理与经济学部更名为大连理工大学经济管理学院。目前，学院拥有 10 个研究所、5 个教育教学实验中心和 9 个行政办公室，建设有两个国家级工程研究中心和实验室，六个省部级工程研究中心和实验室，以及国内最大的管理案例共享平台。

经济管理学院秉承"笃行厚学"的理念，以"扎根实践培养卓越管理人才、凝练商学新知、推动社会进步"为使命，努力建设成扎根中国的世界一流商学院，并为中国的经济管理教育做出新的、更大的贡献。因此，全面体现学院研究成果的重要载体形式——专著的出版就变得更加必要和紧迫。本套论丛就是在这个背景下产生的。

本套论丛的出版主要考虑了以下几个因素：第一是先进性。要将经济管理学院教师的最新科学研究成果反映在专著中，目的是更好地传播教师最新的科学研究成果，为推进经济管理学科的学术繁荣做贡献。第二是广泛性。经济管理学院下设的 10 个研究所分布在与国际主流接轨的各个领域，所以专著的选题具有广泛性。第三是选题的自由探索性。我们认为，经济管理学科在中国得到了迅速的发展，各种具有中国情境的理论与现实问题众多，可以研究和解决的现实问题也非常多，在这个方面，重要的是发扬科学家进行自由探索的精神，自己寻找选题，自己开展科学研究并进而形成科学研究的成果，这样一种机制会使得广大教师遵循科学探索精神，撰写出一批对于推动中国经济社会发展起到积极促进作用的专著。第四是将其纳入学术成果考评之中。我们认为，既然学术专著是科研成果的展示，本身就具有很强的学术性，属于科学研究成果，那么就有必要将其纳入科学研究成果的考评之中，而这本身也必然会调动广大教师的积极性。

本套论丛的出版得到了科学出版社的大力支持和帮助。马跃社长作为论丛的负责人，在选题的确定和出版发行等方面给予了极大的支持，帮助经济管理学院解决出版过程中遇到的困难和问题。同时特别感谢经济管理学院的同行在论丛出版过程中表现出的极大热情，没有大家的支持，这套论丛的出版不可能如此顺利。

大连理工大学经济管理学院

2021 年 12 月

目　　录

1 绪 论

1.1 研究背景与意义

1.1.1 中国企业的"走出去"战略

1.1.1.1 "走出去"战略

党在十七大报告中提出：坚持对外开放的基本国策，把"引进来"和"走出去"更好结合起来，扩大开放领域，优化开放结构，提高开放质量，完善内外联动、互利共赢、安全高效的开放型经济体系，形成经济全球化条件下参与国际经济合作和竞争新优势[①]。在当今经济高度全球化的背景下，这将极大地促进我国形成参与国际经济合作和竞争的新型优势。党中央、国务院根据当今经济全球化的新格局和国民经济发展的具体情况，制定了"走出去"战略，这是关系我国经济发展的重大决策，是提高对外开放水平的重大举措，是发展开放型经济体的必经之路，也是实现我国经济、社会等方面长远发展的重要途径。

"走出去"战略是中国坚持对外开放的基本国策，是指中国企业充分利用国内和国外"两个市场、两种资源"，通过对外直接投资（outward foreign direct investment，OFDI）、对外工程承包、对外劳务合作等形式积极参与国际竞争与合作，是实现我国经济可持续发展的现代化强国战略。对外直接投资作为"走出去"战略的重要方式之一，为中国参与国际市场竞争、经济全球化提供重要条件和机会。

"走出去"战略倡导一种跨国整合模式，它以中国企业为主体，为中国企业的战略提供支持，并使中国企业从中获取更多的收益。在当前形势下，"走出去"战略成为一种必然选择，它帮助中国企业扩展市场空间，优化升级产业结构，获取生产要素，寻求先进技术，中国企业还可由此突破贸易壁垒，进而发展成具有国际竞争力的跨国公司。"走出去"战略是中国对外开放水平得到进一步提高的重要标志。

---

① 胡锦涛：要促进国民经济又好又快发展，http://www.chinadaily.com.cn/hqzg/2007-10/15/content_6175614.htm[2007-10-15]。

1.1.1.2 "一带一路"倡议

"一带一路"（the belt and road）中的一带是丝绸之路经济带，一路是21世纪海上丝绸之路。2013年9月，习近平总书记提出了建设"新丝绸之路经济带"的计划，同年10月他又提出了建设21世纪海上丝绸之路的倡议[①]。"一带一路"倡议的意义在于充分发挥现存的区域合作平台的作用，同时借助于中国与周边国家之间制定的双边及多边合作机制，以和平相处、共同发展为最终目的，与沿线国家构建良好的经济合作关系，在多方国家的共同努力下成为相互扶持、彼此信任、互相包容的利益共同体及命运共同体，继而实现政治互鉴、经济贯通与文化交融。

中国面临着外汇资产过多、产能过剩的问题，而且矿产资源、油气资源对国外存在较高的依存度，中国的基础设施建设和工业基地集中在沿海区域，一旦遭受外部打击，核心设施极易受损。在这种背景情况下，"一带一路"倡议应运而生，使得中国的边境地区整体上处于和平发展状态。"一带一路"倡议的实施能提升与相邻国家的合作程度，可以有效解决上述问题。

1.1.2 对外直接投资概念界定

对外直接投资一般也称外商直接投资，按照国际货币基金组织（International Monetary Fund，IMF）的划分标准，其定义是："在投资人以外的国家（经济区域）所经营的企业中拥有持续利益的一种投资，其目的在于对该企业的经营管理拥有有效的发言权"。这里的有效的发言权实际上是指管理控制权，这种控制权是直接投资区别于间接投资的根本所在（间接投资是指证券投资和国际借贷）。

对外直接投资的方式具体包括：在国外设立跨国公司的分支机构、附属机构、子公司或同东道国共同创办合资企业；通过购买外国企业股票而拥有该企业一定比例的股权，如10%以上；用国外所得利润进行再投资等。

根据商务部、国家统计局和国家外汇管理局联合发布《2020年度中国对外直接投资统计公报》的[②]数据，自2003年中国有关部门权威发布年度对外直接投资统计数据以来，中国已连续九年位列全球对外直接投资流量前三名，对世界经济的贡献日益凸显。2020年流量是2002年的57倍，年均增长速度高达

---

① 习近平主席提出"一带一路"倡议5周年：构建人类命运共同体的伟大实践，http://www.gov.cn/xinwen/2018-10/05/content_5327979.htm[2018-10-04]。

② 商务部、国家统计局和国家外汇管理局联合发布《2020年度中国对外直接投资统计公报》，http://hzs.mofcom.gov.cn/article/date/202110/20211003207274.shtml[2021-09-29]。

25.2%。"十三五"时期，中国累计对外直接投资达 7881 亿美元，较"十二五"时期增长 46.2%，显示中国对外投资在全球外国直接投资中的影响力不断扩大。根据《2020 年度中国对外直接投资统计公报》中对企业对外直接投资的统计标准，我国境内投资者以现金、实物、无形资产等方式在国外及港澳台地区设立、参股、兼并、收购国（境）外企业，并拥有该企业 10%或以上的股权、投票权或其他等价利益的经济活动，以上活动即中国对外直接投资。

1.1.3　中国企业的对外直接投资

中国企业国际化经历了大致三个阶段。

（1）保守性对外投资阶段（以引进外资为主）：1978～2000 年。

改革开放之后的前 20 年，我国的对外开放曾以引进外资为重点发展项目，同时也大力提倡企业出口。但实际上当时国内基础设施建设资金匮乏，国家一直使用比较保守的态度看待企业对外投资的行为，并不鼓励企业进行对外投资。

（2）鼓励性对外投资阶段：2001～2016 年。

2001 年，十五届五中全会指明要全力实施"走出去"战略，这表示中国要将对外投资提上日程，并且会大力支持各类企业进行对外投资。此前，中国的相关政策对对外投资一直持保守态度，不鼓励中国企业进行对外投资。在 2001 年底，中国加入世界贸易组织，由此国内企业的经营环境发生了重大改变，企业需要应对的竞争环境也与之前大不相同，这为中国企业的对外投资创造了良好的条件。

随着国家支持性政策的相继颁布以及国内企业自身的发展壮大，国内企业在"一带一路"沿线国家的投资持续增多。《2016 年度中国对外直接投资统计公报》数据显示，2016 年中国对外直接投资净额为 1961.5 亿美元，同比增长 34.7%[①]。截至 2016 年底，中国 2.44 万家境内投资者在国（境）外共设立对外直接投资企业 3.72 万家，分布在全球 190 个国家（地区），年末境外企业资产总额 5 万亿美元。2016 年中国对外非金融类投资流量中，属非公有经济控股的境内投资者对外投资 1232.4 亿美元，占 68%，公有经济控股 579.9 亿美元，占 32%。

另外，在基础设施建设、交通运输设备等产业中，国有企业也进行了大规模投资，并且投资额持续快速增长。其中也包含了当时中国企业签署的单笔金额最高的合同，即中国铁建同尼日利亚签订的金额为 119.7 亿美元的铁路建设合同。中国南车集团公司与中国北车集团公司合并前在海外签订合同的总金额

---

① 2016 年度中国对外直接投资统计公报，http://fec.mofcom.gov.cn/article/tjsj/tjgb/201809/20180902791493.shtml[2018-09-28]。

为 60 亿美元①，中国北车集团公司与波士顿签订了金额高达 5.67 亿美元的地铁车辆订单，这是中国轨道交通设备第一次进入美国市场。另外，中国中铁股份有限公司在成为俄罗斯高铁建设项目的参与者后签订了 24 亿元的合同②，这表明中国的高铁技术已经得到世界上众多国家的认可。中国核工业集团有限公司也与阿根廷核电公司签署合作协议，该集团的自主三代核电技术将用于建设阿根廷境内的压水堆核电站。自 2016 年起，中老铁路以及中泰铁路相继投建，"一带一路"沿线的投资始终保持着相对稳定的增长状态。在此阶段中，国有企业充分发挥了中国优势，在开拓创新的道路中越走越远，在对外进行产业转移的同时开展了技术寻求型的对外投资，展现了中国企业国际化的多种形式，为国内供给侧结构性改革提供强有力的支持。

（3）规范性对外投资阶段：2017～2021 年。

大部分中国企业的跨国经营自 2017 年起进入全新的发展阶段，即不再盲目追求投资规模，且更加重视投资的质量以及投资完成后的经营效益，由粗放型的投资理念转化为精细化的高质量投资理念，由盲目的生产经营朝着依法合规经营的方向逐步转型。

在国有企业实施跨国投资计划的前三十年（1978～2016 年）中，其经营以粗放、激进为主要特征，且缺少应有的约束。这种投资理念也是国内经济持续快速增长下的必然结果，因为在这一阶段中国企业要向外扩张寻求资源，并扩大市场。2017 年，中国的对外直接投资流量在 1582.9 亿美元左右，同比下降19.3%③，而这主要的原因是：为了防控金融风险，国家加强了对外投资的监管力度，在进一步实现程序简单化、投资直接化的同时，更加注重对外投资的真实性以及严格的监管审查，从而减少了非理性投资和虚假投资所占的份额，优化了我国的对外投资结构，由此有效改善了对外投资的整体质量。习近平总书记在中国共产党第十九次全国代表大会上作报告，报告中说我国经济已由高速增长阶段转向高质量发展阶段④。所以国家针对中国企业提出的海外投资要求也以投资效益为重，这必然会加快中国企业投资行为和投资结构的进一步转变。

---

① 商务部：2014 南北车新签海外合同金额超 60 亿美元，https://www.chinanews.com/gn/2015/02-05/7039747. shtml[2015-02-06]。

② 中铁联合体中标俄罗斯高铁项目　合同金额 24 亿，http://m.haiwainet.cn/middle/232591/2015/0512/content_28728326_1.html[2020-09-24]。

③ 商务部国家统计局国家外汇管理局联合发布《2017 年度中国对外直接投资统计公报》，http://fec.mofcom. gov.cn/article/tjsj/tjgb/201809/20180902791493.shtml[2022-08-28]。

④ 习近平强调，贯彻新发展理念，建设现代化经济体系，http://www.gov.cn/zhuanti/2017-10/18/content_5232647. htm[2022-08-28]。

1.2 相关文献综述

1.2.1 企业对外直接投资动机研究

联合国贸易和发展会议（United Nations Conference on Trade and Development，UNCTAD）提到，寻求市场、寻求资源、寻求效率以及寻求资产是发展中国家跨国公司对外投资决策的主要动机。2013 年，中国国际贸易促进委员会出具的《中国企业对外投资现状及意向调查报告》提到，中国国有企业对外投资的动机来自不同方面，主要有扩大企业影响力、寻求国际市场、寻求海外资源与技术等。本书重点分析寻求资源、寻求市场、寻求技术、套利动机和降低成本五个方面。

1.2.1.1 寻求资源

根据国际生产折衷理论可知，企业进行对外直接投资离不开所有权优势（ownership advantage），即企业已经拥有或可以凭借自身力量获得的、国外企业短期内所不具备或无法凭借其自身力量获得的资源及资源所有权。因为发展中国家一直在全力发展经济，可能会导致关键资产以及经济投入陷入紧缺状态，在如此的环境条件下绝大多数的发展中国家会选择资源导向性对外直接投资。自然资源能有效推动国际直接投资的发展，而中国作为世界上人口数量最多的国家以及国际制造业大国，自始至终都未能妥善解决资源紧缺的潜在问题，很多学者都提出中国在对外直接投资初级阶段以资源寻求型投资为主（张娟和刘钻石，2012）。有些西方媒体则一再指责中国对外直接投资将会威胁到东道国的安全（李磊和郑绍阳，2012）。其实西方媒体这一观点取决于以下两个方面：首先，一般与自然资源相关的投资都会出现数额较大的资金，回收时间长且需要承担很大的风险，所以需要政府担任推动者，而国有企业则是主要实施者（卢进勇和闫实强，2005），中国石油化工集团有限公司、中国石油天然气集团有限公司等国有企业正是此类海外投资的代表；其次，中国经济体制比较特殊，在全球跨国并购都转向私营企业的前提下，大型国有企业依旧在中国企业的海外并购中占据主导地位，由此众多外国媒体都认为中国企业的海外资源并购带有无法轻易抹去的政治色彩，这一点很容易影响被收购企业所在国家的判断，而中国企业也极有可能因此遭受抵制。另外，也有观点认为资源寻求并非中国落实对外直接投资计划的主要动机。世界银行曾跟踪调查了 130 多家在 2005 年进行海外投资的中国企业，发现这些中国企业走出国门并不完全是为了寻求海外资源。在相关调查中，有 85%的受访企业认为寻找市场是"走出去"最重要的原因，而有 40%已经"走出去"的企业表示其最初目的是寻求海外资源。2003 年，罗兰贝格也开展了与之相似的调查，发现有 56%的业内代表性企业"走出去"是为了寻找新市场，而有 20%的受访企业"走出去"是为了获取海外新资源（李磊和郑昭阳，2012）。

1.2.1.2　寻求市场

企业直接对外投资过程中的一项核心评估动机为寻求市场，而市场在国内竞争不断加剧的大环境之下逐渐趋向于饱和状态，国内市场早已没有企业的空间，如果企业在国外能够成功寻求新市场，并能够与具备持续市场需求的东道国建立合作关系实现对外直接投资，可在降低扩张销售收入与生产规模的同时大量节省边际成本的消耗，如此，可以从根本上实现规模经济效应目标。学者 Mundell（1957）研究得出的观点是企业需求市场直接导致国际直接投资现象，东道国出口会因为对应关税受到阻碍，企业在如此约束条件下必须被迫直接到达海外市场，通过对外直接投资的途径成功进入东道国市场之中。与此同时，企业需要制定合理的市场寻求战略，这个战略需要考虑到东道国的现有市场与未来发展潜力。杨璐（2011）的研究结论则是，我国市场依赖型行业，如零售业、租赁业、制造业以及商务服务业等，截止到 2009 年在对外直接投资总量之中所占的比重已经接近五成，为 49.2%，由此可以看出我国的寻求市场型对外直接投资发展与我国企业发展有着非常密切的关系。结合中国对外直接投资的相关研究的内容、范畴、重点与资料来看，学者张娟和刘钻石（2013）重点关注企业的性质，针对 2002～2010 年我国民营企业与国有企业的投资决策，分析了企业非洲投资决定性影响因素，并开展了科学合理的比较分析研究，最终得出的结论是中国国有企业直接投资与东道国绝对市场二者之间关系呈现出正相关，中国国有企业在该时段（2002～2010 年）向外发展的关键性动机是寻求市场；另外，卡玛尔（2015）也聚焦到非洲市场的企业直接投资，针对中国在亚洲市场直接投资的决定性因素展开研究，对应结论是中国在亚洲市场的直接投资过程中具备高水平的市场导向性。

1.2.1.3　寻求技术

发展中国家对发达经济体的直接投资现象能够通过国际直接投资技术寻求动机这一理论得到合理且科学的解释。在采取对外直接投资寻求技术过程中，技术扩散是必然存在的，合资形式能够让部分发展中国家在发达国家中实现直接投资，从而满足公司直接技术扩散的最大化，并由此寻求与利用发达国家的先进技术。Potterie 和 Lichtenberg（2001）将企业技术获取的溢出渠道定位于对外直接投资，并在研究中有效引入了 Coe 和 Helpman（1995）的国际研发溢出模型，通过严密的分析最终研究得出的结论是寻求技术型的对外投资存在逆向溢出效应。马亚明和张岩贵（2003）以技术溢散为出发点着重研究分析了地理空间制约下技术扩散对 FDI 决策的对应影响水平，研究观点是厂商通过对外直接投资行为能够带来其企业技术方面水平的提升，因此存在这种情况，进行对外直接投资的企业在技术上不一定具有绝对优势。除此之外，杜群阳和朱勤（2004）以 OIL 三优势①理论为研究前提深入分析并提出了 MAL 三优势论这一新理论（M 对应国内市场优势，代表 domestic market advantage；A 对应技术吸收优势，代表内容为 technology absorbing advantage；L 对应技术要素区位优势，代表内容为 technology factor advantage），这一理论主要用以解释发展中国家的企业对外直接投资现象。通过这一理论，发展中国家企业对外投资环节中所体现的寻求技术型海外直接投资得到了解释：中国地区的部分企业对外直接投资，进入发达国家市场之后开始收购和兼并科技公司；并采取不同的形式建立对应领域的研发机构。陈小文（2007）主要针对寻求技术型对外直接投资研究了对应的基本条件与基础，针对寻求技术型投资动机，最终得出我国对外投资中技术获取动机并不突出的结论。

另外，在相关实证研究领域中，刘明霞（2009）主要结合了我国 2003 年到 2007 年的企业层面技术升级的面板数据信息，运用计量经济实证检验的方式，该研究的结论表明，中国企业的对外直接投资自身存在着显著的逆向技术溢出效应；研究同时也认为，通过整体数据，中国在区域层面上中部、东部以及西部三个地区的对外直接投资逆向技术溢出效应水平具备突出的地区差异。常玉春（2011）的研究对象是我国地区 100 家国有大型企业在对外直接投资上技术创新绩效以及人力资本积累的相关性水准环节，研究结果显示，境外资产存量与企业人力资本密集度二者之间相关关系并不显著，但是其与技术创新绩效的正向关系非常显著，最终提出中国国有企业对外直接投资逆向技术外溢效应相比较非物化技术溢出来看，更多体现在物化技术溢出上。李梅和柳仕昌（2012）利用广义矩估计（generalised method of moments，GMM）方法，认为逆向技术溢出效应最显著体现在我国东部地区，与此同时逆向技术溢出效应直接受到地区研发强度、人力资本等吸收能力的突出影响。祁春凌等（2013）的研究结合了我国 2003 年到 2009 年针对 16 个发达国家对外直接投资具体的面板数据信息以及单边投资引力模型，实证研究我国对外直接投资的具体动机。作者以东道国居民专题申请的实际数量对东道国技术资源水平进行合理评估，各国技术转让以及高科技出口产品

---

① ownership specific advantage，所有权优势；internalization advantage，内部化优势；location specific advantage，区位优势。

限制水平则通过我国在对应国家高科技产品中所占比重来表示。该研究结果认为寻求技术是我国对发达国家直接投资最核心的动因，在成功获取东道国相关行业技术外溢之后实现国内产业技术水平的有效提升，与此同时我国对发达国家的对外直接投资与对华技术转让和高技术产品出口限制存在正相关的比例关系，由此可以发现，我国产业技术水平提升过程中吸引外商直接投资渠道本身存在可替代关系。

1.2.1.4　套利动机

李凝和胡日东（2011）的研究结果指出，结合地区特点来看，我国对外投资的分布的不均衡性非常突出，中国对外直接投资通常流向的是一些避税地区与政治风险较高国家，如开曼群岛、英属维尔京群岛等。其研究以为造成这一现象的首要原因是转型时期制度约束的确定，企业为避免制度约束采取制度套利；同时中国国有企业对外直接投资动机本身的双重性特征，需要同时注重国家宏观经济利益与企业利益。

中国对外直接投资的首要带头兵是矿产资源型国有企业，但矿产资源在经济环境不稳定水平持续加强的环境之下会加重相关国有企业对外直接投资亏损与并购失败等问题。在构建考虑套利动机的投资模型，张海亮等（2015）的研究结果表明，项目未来潜在经济价值低于投资成本的前提之下，也会因为套利动机的存在而开展投资行为。

1.2.1.5　降低成本

对外商投资来说，生产成本是一个非常重要的影响要素。结合产品生命周期理论的内容来看，当生产技术越来越标准化之后，技术改进不能够显著降低生产成本，价格竞争愈发激烈。为了有利可图，厂商将生产场地转移到相对落后的国家或地区，这些国家或地区一般具有相对廉价的劳动力成本，从而能够继续生产、服务当地市场以及母国市场。生产成本变化导致了国际的直接投资行为。20 世纪70 年代，美国对外直接投资中心开始转移到发展中国家，这一现象被学者解释为企业降成本动机。与此同时，日本企业的对外直接投资也呈现出非常显著的成本动机。这一时期，日本的对外直接投资分布于两个行业，一个是自然资源开发，另外一个是劳动力密集型。这些行业都是在日本即将退出的行业，不具备明显的优势，因此转移至低成本地区以获得全球市场的价格优势。

自从实施改革开放之后，我国的外商投资越来越多，其中制造业是非常重要的一面，我国才变成了制造业大国。制造业的发展促进了我国的进出口贸易，同时也推动了区域经济发展。结合近期的发展来看，我国的经济出现了大规模的进步，人民群众的收入越来越高。尤其在沿海地区，劳动力成本优势变得不再突出，与此同时，东部地区的劳动力密集型产业开始向内陆转移。除此之外，就我国的跨国公司发展情况来看，受到国家政府的支持，同时受到经济全球化的影响，企业对外直接投资的一个重要目的就是能够在国际市场上获得更多的廉价劳动力，从而减少劳动力成本。

1.2.2　影响对外直接投资的因素研究

1.2.2.1　母国影响因素分析

国家的经济发展程度是其对外直接投资的重要影响因素。Dunning（1994）将1967年至1978年12年间的67个国家的对外投资统计数据进行了比较分析，发现处在某一阶段的经济发展水平将对对外直接投资的发展产生有利影响。由此，Dunning以经济发展阶段为依据，将对外直接投资分成了四个不同的阶段。Anderff（2003）和Barry等（2003）通过研究对投资发展周期理论与对外直接投资之间的关系进行了验证。不过 Tolentino（1993）的研究得出，当一国的经济状况欠发达时，经济发展程度不会对对外直接投资产生显著影响。国内其他学者，如陈漓高和张燕（2007）、李辉（2007）、梁莹莹（2007）等通过对国家层面、省级层面的数据进行分析研究，进一步验证了经济发展水平将显著影响对外直接投资情况。Dunning（2003）在研究中国的对外投资情况时发现，OIL 范式对我国对外投资造成了决定性的影响。杨恺钧和胡树丽（2013）在 Dunning投资发展周期理论中引入了制度因素，从母国的视角出发，研究发现政府政策、外资进入和经济发展水平等因素与企业对外直接投资的程度成正相关，技术发展水平则与企业对外直接投资的程度呈负相关。林治洪等（2012）、冀相豹（2014）等也进行了类似的研究，将制度因素作为研究对象，研究其对母国企业对外投资的影响。谢孟军等（2017）进行了创新，将文化交易成本这一因素引入，通过实证分析，发现中国文化的海外传播会促进我国企业对外投资的发展，并且这种促进作用存在着一定的滞后性，对不同国家的作用也存在差异，丰富了跨国投资理论的内容。

此外，国内学者还进行了其他对外直接投资的相关研究，王自锋和白玥明（2017）研究了国内产能过剩与对外直接投资的关系，Morck 等（2008）研究了不完善的资本市场与对外直接投资之间的关系，李磊等（2017）研究了企业异质性与对外直接投资的关系，Buckley 等（2007）研究了国内制度情况与对外直接投资的关系。

1.2.2.2　东道国影响因素分析

依据要素决定理论，企业的对外投资会流向生产经营所需要素价格较低的国家或地区。Riedel（1975）分析了东道国的要素禀赋优势与他国对外投资选择的关系。张为付（2008）研究发现我国的发展优势在很大程度上决定其吸引国外投资的能力，这里的发展优势包括经济发达程度、劳动力成本、资源丰裕度等。Chen 和 Moore（2010）研究发现劳动力成本与外商投资存在负相关关系。Fahy（2002）、Aleksynska 和 Havrylchyk（2012）认为本国资源情况是他国进行对外投资的重要参考依据，且资源丰富程度与外商投资的流入存在正相关关系。但是，Thomsen（2001）研究得出的瑞典对外投资恰恰相反，他发现对外直接投资集中在劳动力成本较高的地区。他对这一现象的解释是，劳动力要素市场不是一个完全竞争市场，劳动力成本无法准确描述一国的劳动生产率，而这种要素市场的不完全性，造成劳动生产率随着名义工资的升高而升高，而实际劳动成本却随之降低。

对于东道国的贸易保护主义与对外直接投资的关系，研究存在着观点上的不统一。Grubert 和 Mutti（1991）、Kogut 和 Chang（1991）等从企业层面进行研究，将贸易保护设置为控制变量，通过实证研究发现，企业对外投资与东道国贸易保护主义之间的关系并不显著。Blongigen（2002）进行了国家（地区）层面的研究，发现发展中国家的企业进行对外直接投资的重要动机会打破出口国的贸易壁垒，从而使贸易成本下降。张相伟和龙小宁（2018）也通过研究发现规避贸易壁垒使企业进行对外直接投资的目的显著。贸易保护主义使企业不得不面对出口成本的显著增加，为了能够保持在国外市场的竞争力，企业会想方设法跨越贸易壁垒，直接进入东道国市场进行生产，因此企业存在对外直接投资的动机，但这种动机因国家不同而存在显著差异。

1.2.3　对外直接投资绩效研究——个体绩效

1.2.3.1　财务指标绩效

顾露露和 Reed（2011）采用事件研究以及市场模型等基本分析方法进行综合分析，分别检验了 1994～2009 年中国 157 个跨国并购案例的中长期和短期绩效。实证结果说明，虽然外界对跨国并购绩效的看法存在差异，但中国企业跨国并购公告日的市场绩效显著为正，从市场角度说明了我国企业跨国并购对绩效的正向影响。在进行中长期分析时，中国企业可以从跨国并购中获取非负的超常收益率，这验证了"走出去"战略的正确性。考虑到行业因素的影响，本书采用多元回归分析模型，对并购的中长期绩效的影响因素进行了分析，得出了跨国并购得益于人民币的升值，民营企业绩效明显优于国有企业，海外上市公司的绩效相比境内上市公司更为乐观。邵新建等（2012）从战略目标出发，将中国企业的跨国并购分为战略资源类和创造性资产类，并发现无论是哪一种并购动机，都得到了市场的肯定，公告日近期的累计超常收益率可以达到 5.22%。

杨极（2019）以 2013~2017 年 A 股上市公司的对外直接投资情况为研究对象，以总资产收益率和利润率描述公司绩效，采用 PSM-DID[①]（倾向得分匹配-双重差分法）研究企业绩效与对外直接投资之间的关系，发现企业对外直接投资可以显著地提升企业的绩效。

易靖韬和戴丽华（2017）将制度经济学分析方法引入分析框架，采用资产收益率作为企业绩效的代理变量，分析了对外直接投资的进入方式、控制程度对企业绩效的影响。通过采用 Heckman 两步法进行模型的估计后，研究发现母公司对子公司的控制程度越高，其绩效越差，而在这种控制程度较低时，并购企业的绩效将随着新建企业数量的增多和母公司控制程度的增加而降低。

1.2.3.2　逆向技术溢出效应

企业可以通过对外直接投资获取国外企业的先进技术和管理经验，达到提升母国和母公司生产率的目的，这称为对外投资的逆向技术溢出效应（沙文兵，2014）。自 20 世纪 90 年代起，有关国家逆向技术溢出效应的研究层出不穷，形成了为数众多的理论成果，如早期的研究 Co 和 Helpman（1995）、Keller（1999）将目光集中于对外贸易和外商投资对本国技术溢出的影响；而 Kogot 和 Chang（1991）的研究揭开了逆向技术溢出理论研究的新篇章，使其成为学术研究的新热点。

Kogut 和 Chang（1991）以日本制造业对美国的直接投资为研究对象，研究发现日本企业对美国的投资所产生的技术溢出效应明显地提升了日本企业的技术水平；Potterie 和 Lichtenberg（2001）完善了国际 R&D 模型（Coeand Helpman，1995），将对外直接投资变量引入模型，使用包含日本、德国等诸多国家的数据，发现技术密集型企业的对外投资相对于劳动密集型企业而言，逆向技术溢出效应更显著。Driffield 和 Chiang（2009）以英国相关产业为研究对象，得出母国企业的对外投资取得的技术溢出效应程度和东道国技术水平存在显著的正相关关系。然而，相关文献研究主要集中于国家和省级层次，如陈俊聪和黄繁华（2013）

---

① PSM-DID：propensity score matching，PSM；differences-in-differences，DID。

以省级面板为研究对象，通过决策分析，发现企业的对外投资可以促进企业提高产成品的技术水平，并且这种提升效益随着并购规模的扩大而愈加明显，目前，对外直接投资已经成为我国企业提升制造业产成品技术的助推器；张海波（2014）测算了 71 个国家和地区的出口产品技术含量，通过数据分析发现企业的对外投资可以显著提升母国出口产品的技术含量。

1.2.4　对外直接投资绩效研究——群体绩效

1.2.4.1　产业升级

近几年，跨国公司迅速发展壮大，而在众多可能对产业结构升级造成影响的因素中，越来越多的学者将目光集中于跨国企业对外投资对国内产业结构升级的影响。跨国公司组建在发达国家，并拥有大量资本，掌握先进技术，在市场上占据垄断地位，它们以发展中国家为东道国进行对外投资。因此，早期研究产业结构升级和对外直接投资之间关系的文献主要由西方国家学者完成。Vernon（1966）提出的产品生命周期理论，Dunning（1977）的生产折衷理论研究了投资与生产之间的联系，为研究对外直接投资与产业结构升级之间的关系奠定了基础。Kojima（1978）的边际扩张理论提出一国企业进行对外投资时总是遵从一定的次序，从处于比较劣势的产业开始，在国内将释放出来的生产要素转移到拥有比较优势的产业，从而推动国内产业结构不断升级。Lipsey（2002）研究发现，在母国进行对外直接投资后，母国将从原材料出口国向着高新技术产品出口国的方向转变，从而带动母国产业结构升级。

以研究对外直接投资与产业结构升级的经典文献为基础，一些学者进行了实证研究，进一步验证了这些结论。Blomstrom 等（2000）对日本企业的相关数据进行了实证研究，发现日本企业的对外直接投资对国内产业结构升级有明显的促进作用，同时对日本海外市场占有率的提高也存在明显的促进作用。Dowling 等（2000）研究了不同国家的 22 个行业的相关数据，发现对外直接投资对赶超型国家的产业升级有促进作用。Branstetter（2001）对日本对美国投资的数据进行实证分析，发现日本跨国公司通过投资获得了明显的知识溢出效应，而先进的技术在很大程度上促进了产业结构的优化。Giuliani 等（2005）从价值链角度出发，实证研究了对外直接投资如何影响产业结构升级，发现对外直接投资产生的集聚效应将促进产业结构升级。Herzer（2008）分析研究了 1971～2005 年的时间序列数据，通过实证得出 14 个工业化国家对外直接投资与产业结构升级之间的关系：对外直接投资对母国的产出提升作用具有长期性，对外直接投资对国内产出量的提升而言，既是原因，又是结果。Debaere 等（2010）强调了对外直接投资区位选择的重要性，当投资流向发展中国家时，企业的就业增长率会相应下降，但投资流向发达国家时则对企业的就业增长率没有显著影响。

　　研究对外直接投资与产业结构升级的关系，除了从理论分析和实证检验的方面入手外，通过案例分析也可以从另一角度考察跨国公司对外直接投资对母国产业结构升级的影响。Advincula（2000）对韩国落后产业海外转移的案例进行研究，认为落后产业转移到海外后促进了韩国的产业链变化，究其原因，是因为生产要素从劳动密集型产业向着高新技术产业方向转移，产品附加值显著增加，推动韩国产业结构升级。Mathews（2006）采用3L[①]分析模式，对亚太地区跨国公司进行案例分析，发现发展中国家跨国公司在进行对外投资时，通过资源联系效应、杠杆效应、学习效应等，提高了自身的竞争优势，推动了国内产业结构的升级。Elia 等（2009）以意大利跨国公司为研究对象，发现对外直接投资会引起低技术水平工人的失业，当投资流向收入较高的国家时，还会引起高技术水平工人的失业。

　　随着第三世界的不断发展，发展中国家在经济全球化舞台上扮演的角色越来越关键。发展中国家企业向发达国家机型投资的案例不断增加，在这种经济环境下，一些学者开始研究发展中国家对外直接投资与母国产业升级之间的关系。Cantwell 等（1990）提出了技术创新产业升级理论，该理论表明发展中国家对外直接投资的过程也是学习发达国家先进技术的过程，逆向技术溢出效应会促进母国产业结构优化升级。Ozava（1992）提出一体化国际投资发展理论，发现发展中国家和发达国家存在比较优势互补效应，这种效应是动态的，构成了对外直接投资可能产生竞争优势的前提条件，并推动发展中国家企业从劳动导向型投资向技术导向型投资转变，从而促进国内产业升级。Huang 和 Wang（2011）认为中国企业对外直接投资的最终目的是增强国内产业竞争力，而非进行海外生产，获取海外竞争力的途径可能是通过寻求先进技术、获得稳定的商品提供方等。Chen 等（2012）实证分析马来西亚的相关数据，发现对外直接投资与经济增长存在长期的相互作用关系。

　　加入世界贸易组织后，我国政府提出"走出去"战略，对外直接投资额的增长呈指数形式并延续数年，当对外直接投资额快速增长，海外资本存量逐年提升时，我们不禁思考对外直接投资会给母国提供哪些好处？如果企业的投资是成功的，它除了有助于自身的发展壮大外，是否会对国内的产业结构造成影响？会造成怎样的影响？为了回答这些疑问，国内学者从理论分析和实证研究两个方面研究了企业对外直接投资与国内产业结构升级的关系。

　　国内学者对于对外直接投资与产业结构升级之间关系的理论研究较少，且主

---

　　① 互联（linkage）、杠杆化（leverage）和学习（learning）。

要集中于研究影响的产生机制。汪琦（2004）从多个方面研究了对外直接投资对产业结构升级的影响方式，其研究角度包括资源互补、产业转移、新生产业发展、产业关联、产业辐射作用、海外投资收益等。宋维佳（2008）研究发现，资源开发业符合对外直接投资产业选择的发展规律，服务业可作为对外直接投资的策略选择，而进行战略性对外直接投资应从高新技术产业入手。宋维佳等（2012）的研究建立了影响制造业产业结构升级的理论模型，通过分析对外直接投资产生的正、负两种效应，从理论层面解释了对外直接投资如何影响母国制造业产业结构升级。白玫和刘新宇（2014）研究发现我国产业结构升级的主要制约因素是国内科技水平，同时由于我国自主研发能力相对薄弱，吸收外资和国际贸易带来的技术溢出效应不明显，但是对外直接投资引发的逆向技术溢出效应对提升国内技术水平有明显的促进作用，可以推动产业结构的优化升级。冯志坚和谭忠真（2008）从理论层面分析了对外直接投资与母国产业结构升级的关系，发现中国制造业中各产业成熟度不同，其中相对成熟的产业需要依据梯度向其他发展中国家逐步转移，进而实现对外直接投资逆向技术溢出效应的产业化和国际化，着力发展高新技术产业。

　　除进行理论分析外，国内一些学者进行了实证研究，进一步探究对外直接投资对产业结构升级的影响。冯春晓（2009）发现，中国制造业的对外直接投资将促进其产业结构升级，同时也促进其产业结构的高度化，它们之间的关系可通过格兰杰因果检验进行说明。潘颖和刘辉煌（2010）对 1990～2007 年的产业层面数据进行格兰杰因果检验，得出对外直接投资与产业结构升级之间的关系：对外直接投资对产业结构升级的影响需要在长期内发挥作用，短期内对产业结构升级无显著影响。汤婧和于立新（2012）对 2003～2009 年中国七个行业对外投资的数据进行分析，使用灰色关联模型，发现连锁效应较强，产品供求链较长的产业更容易促进国内产业结构的整体升级，国家应当重点扶持该种产业的对外投资行为。李逢春（2012）对 2003～2010 年中国省级层面的数据进行了分析，得出对外直接投资额与国内产业结构升级存在正相关关系。

　　欧阳艳艳和喻美辞（2011）研究了不同行业间的对外直接投资所导致的技术溢出效应，采用灰色关联模型，发现对外直接投资的逆向技术溢出与行业的平均生产率关联程度处于中等水平。高丽峰等（2013）通过实证研究，发现不同的对外直接投资动机将导致不同的影响，以技术获取为目的的对外直接投资通过获取国外高新技术促进产业结构升级，以寻求市场为目的的对外直接投资通过转移国内过剩产能促进产业结构升级，以获取资源为目的的对外直接投资通过调整国内产业结构促进产业结构升级。王英和周蕾（2013）运用 2005～2011 年中国省级的数据发现，对外直接投资与中国产业结构升级存在显著正相关关系，且这种影响明显强于外商投资带来的影响。王滢淇和阚大学（2013）采用系统 GMM 方法，实证分析中国省级面板数据，发现以样本总体为研究对象时，对外直接投资与产业结构升级存在正相关关系，以东部地区为研究对象时得出了类似结论，但以中部地区、西部地区为研究对象时，这种正相关关系缺乏显著性。

杨建清和周志林（2013）研究发现，对外直接投资与国内产业结构升级在长期内存在稳定的比例关系，对外直接投资对我国产业结构升级有正向影响。李逢春（2013）采用灰色关联模型，研究了不同区位和产业的对外直接投资对产业结构升级的影响，发现在亚洲地区的对外直接投资对产业结构升级有明显的推动作用，制造业在对外直接投资中有明显的推动作用，而金融业则没有显著影响。张春萍（2013）的研究结果表明，由于对外直接投资很难选择合适的区域和产业，因而对产业结构升级的促进作用较小。潘素昆和袁然（2014）以 58 个国家的数据为研究对象，通过实证研究分析了对外直接投资动机的差异与产业结构升级的关系，发现在三种动机下的对外直接投资均能促进我国的产业结构升级，但这种影响存在滞后性。王奕力等（2015）发现中国实现中非企业间的共赢的前提条件是选择非洲地区合理的产业进行对外直接投资，而合理的产业选择可以最大限度发挥生产要素优势，提升企业的经营效率，促进产业结构升级。

贾妮莎等（2014）进行了时间序列分析，发现与外向 FDI 相比，在短期内，内向 FDI 对产业结构升级有很强的促进作用，而在长期内，外向和内向 FDI 都对产业结构的升级做出了突出的贡献。陈建奇（2014）以韩国和日本等经济体为研究对象，发现对外直接投资与产业结构升级存在显著的正相关关系，产业结构升级是对外直接投资的结果，但发现日本的对外直接投资与产业结构升级不存在显著的关联关系。卜伟和易倩（2015）完善了钱纳里的标准结构模型，以对外投资流量前十名的省份为研究对象，进行实证分析，发现对外直接投资可以推动国内产业结构优化升级，但效果不够明显。尹忠明和李东坤（2015）依据企业不同的对外投资动机进行研究，对其如何影响国内产业结构升级进行分析，发现投资动机的差异会导致其影响产业结构升级的作用机理存在差异。李东坤和邓敏（2016）进行了实证研究，发现对外直接投资不仅可以使本地的产业结构趋向合理化，由于存在空间溢出效应，本地对外直接投资还能显著促进周边省份产业结构向合理化水平发展。

除对国家层面数据分析之外，对东部沿海地区的实证结果也再次验证了对外直接投资将促进产业结构优化升级。董佺等（2008）通过实证分析研究了广东省对外直接投资与人均国内生产总值（gross domestic product，GDP）的关系，发现随着市场化进程的加快，企业的对外直接投资将显著提升母国的整体经济水平。衣长军和连旭（2010）建立向量自回归（vector autoregressive，VAR）模型，对 1988～2008 年福建省投资数据进行实证研究，结果表明福建省对外直接投资与产业结构之间存在着长期均衡关系。俞佳根（2014）的研究聚焦浙江省，研究运用浙江省 2002 年至 2012 年的相关数据进行分析，通过实证方法研究对外直接投资影响产业结构升级的内在关系，结果发现浙江省的绝大部分城市的对外直接投资对产业结构升级都存在积极影响。

1.2.4.2　母国绩效

母国绩效的研究，表明学者关注对外直接投资的宏观绩效。这些研究学者关注企业对外直接投资对母国经济和企业环境的影响，这些因素包括经济增长、就业情况、产业结构变化、技术进步等方面。这方面研究在国外较为普遍。Branstetter 和 Lee（2001）运用日本数据，采用科学的双变量和多变量格兰杰因果关系框架分析企业的对外直接投资与母国经济增长的关系，研究通过对比分析，发现在多变量格兰杰因果关系的框架下，对外直接投资对母国经济增长存在长期的促进作用。国内学者也开展了宏观影响的研究工作。李逢春（2012）采用钱纳里的经典结构增长模型，重点分析中国企业"走出去"对国内产业结构的影响。该研究详细分析了中国对外直接投资的产业升级效应，研究结论认为中国的对外直接投资在很大程度上能够促进中国的产业升级。另外，汤婧和于立新（2012）也聚焦产业结构的变化。该研究选取 2003～2009 年我国对外直接投资的 7 大行业数据为样本，实证过程中运用灰色关联模型分析，考虑到外循环对国内产业的影响路径，研究考察我国对外直接投资对国内产业结构的调整效应，研究的结论认为在当前经济发展阶段下，发展中国家尤其中国应鼓励技术密集型产业的对外直接投资，以实现经济结构调整。对于母国技术水平的影响方面，Amann 和 Virmani（2014）运用国家数据，采用 1990～2010 年 18 个新兴经济体与 34 个经济合作与发展组织（Organisation for Economic Co-operation and Development，OECD）国家的双向投资为例，在实证分析中从两个方面研究对外直接投资的逆向技术溢出效应与外商投资（inward foregin direct investment，IFDI）的技术溢出效应，发现这两种投资均能够带来国内产业技术水平的提升，同时后者带来的国内产业技术进步要更高。企业的生产率在一定程度上体现了技术水平。戴翔（2016）着重于研究对外直接投资是否能够带来我国企业生产率的提升，该研究通过理论与实证分析，认为从整体上"走出去"战略在短期内不能提升企业生产率，但在长期内具有有限的促进作用；通过对企业性质的研究发现，与民营企业相比，国有企业的对外直接投资对企业生产率的提升作用并不显著。

母国效应方面，宏观指标上的经济增长、出口增长、外汇储备增长等也是学者关心的研究方向。万丽娟（2005）从经济增长、出口增长、外汇储备增长、国内投资增长、FDI 流入增长、全要素生产率增长六个角度实证分析了 1980～2003 年对外直接投资的企业给中国带来的影响，认为中国对外直接投资绩效不佳。其原因分析如下，中国对外直接投资制度是典型的政府主导型投资制度，中国政府会从产业发展、国家经济方面来考虑企业的对外投资政策，中国对外直接投资制度的变迁与中国经济发展密切相关。同时，对不同企业性质的企业进一步分析，作者认为由于中国对外直接投资的政策驱动性较强，国有企业目前仍是中国对外直接投资的主力。由于国有企业的混改正在进行，现代企业制度并未完全建立起来，因此中国对外直接投资的微观主体在制度变迁中的主动性不强，国内企业在微观层面的企业制度改革方面进展缓慢。

1.2.5　文献小结

　　整体来看，目前国际、国内学者基于不同研究样本和方法、不同的研究时间和范围，以及不同的绩效衡量指标检验了中国企业对外直接投资的绩效，当前研究普遍认为国有企业相较于其他性质的企业，其对外直接投资绩效偏低。对于现有研究的结论，一些学者进行了深入的原因剖析，李享章（2012）从企业差异化性质着手，考虑到在我国的"走出去"战略背景下，指出国有企业作为政府政策实施的先行者，具有更加艰巨的责任和负担，在对外直接投资的决策上应该适当考虑到国家战略层面的因素，不能单独从企业层面的绩效来对国有企业的对外直接投资进行评判。与此同时，衣长军和苏桔芳（2008）也赞同这样的观点，他们从宏观和微观角度分别分析了中国的对外直接投资绩效，认为在宏观上，中国企业的对外直接投资未能有效促进中国的整体经济增长，但在微观上，1980年至2003年的数据表明，中国对外直接投资企业尤其是国有企业盈利水平普遍较差，这一结论也诱发本书想要深入探索其中根源。常玉春（2011）对企业的国际化程度进行了剖析，该研究以100家国有大型企业为样本进行分析，研究结论表明了我国企业对外直接投资绩效与企业的国际化程度有关，企业的国际化程度是较为重要的一个影响投资绩效的因素。跨国经营的企业，较低的国际化程度并不能促进对外直接投资绩效，只有当企业境外资产存量达到某一临界点之后企业才能够从对外投资中获得绩效提升。

1.3　研究方法与结构安排

1.3.1　研究方法与流程

　　本书主要运用文献计量分析、统计比较分析、实证分析和案例分析方法展开。

1.3.1.1　文献计量分析

对于目前关于国有企业对外直接投资绩效及影响因素的文献，本书用文献计量分析方法，搜索关键词、热词、高频词，统计出相关文献的研究重点和焦点；此外在文献统计的基础上，本书用思维导图刻画出文献中所讨论影响国有企业对外直接投资绩效的影响因素和作用。

1.3.1.2　统计比较分析

本书借助《2019 年度中国对外直接投资统计公报》公布的数据，分别对中国企业的对外投资类型、投资行业、投资目的国特征、投资方式等方面进行比较分析，尤其分析了国有企业与非国有企业在这些指标上存在的差异；用文献统计并图示化国有企业相关研究的重点与趋势。

1.3.1.3　实证分析

本书第 6 章主要运用实证分析方法进行研究。在分析中国企业对外直接投资动因分析部分，企业对外直接投资的目标与绩效结合，重点从长期绩效来分析，采用企业价值网络位置作为被解释变量，采用面板回归模型进行分析，并采用合理的检验方法处理计量回归模型中存在的内生性问题。

1.3.1.4　案例分析

第 7 章引入大连港投资吉布提港、三峡集团投资巴基斯坦卡洛特水电站、上海复星医药（集团）股份有限公司（简称复星医药）并购印度药企三起中国企业海外投资事件，主要运用了案例分析方法，从进行海外直接投资的背景、投资规模的决策过程、投资方式的选择以及投资目标完成效果等方面，运用翔实的数据资料阐释了国有企业海外投资动机与绩效的关系。

1.3.2　结构安排

本书一共分为 8 章，具体如下。

第 1 章是绪论，主要介绍研究背景与意义；研究相关文献综述；指出本书将采用的研究方法和文章结构安排。

第 2 章是对外直接投资理论体系。

第 3 章是对外直接投资的国际比较。

第 4 章是中国企业对外直接投资的发展沿革与现状分析。

第 5 章是中国企业对外直接投资动因分析。

第 6 章是中国企业对外直接投资绩效的分析。

第 7 章是中国对共建"一带一路"国家直接投资的案例研究。

第 8 章是结论与展望。

1.4　本章小结

本章主要介绍本书的背景及意义、主要文献评述、主要采用的研究方法。

1.4.1　研究背景及意义

此部分主要介绍了如下研究背景：首先，中国"走出去"战略鼓励企业对外进行直接投资，同时"一带一路"倡议也给"走出去"的企业带来基础设施建设、能源合作和高端制造业三大领域的对外投资发展机遇；其次，我国发展对外直接投资源于供给侧改革，这将有助于解决国内钢铁、煤炭、水泥、船舶、石化等多个行业内需不足、产能过剩的问题；最后，面对当前中国对外直接投资飞速发展，在理论和现实中却面临绩效评估不当的问题。因此，本书在如此的环境下开展研究，对中国企业对外直接投资动因与绩效的研究具有重要的理论及现实意义。

1.4.2　文献评述

文献是研究的基础，可以有效掌握目前研究状态，掌握研究前沿和趋势。本书文献部分主要综述了当前对外直接投资领域的研究方向与研究进展，对相关的文献进行了分类梳理和总结评价：动机方面，对外直接投资动机包括寻求资源、寻求市场、寻求技术、套利动机、降低成本等；中国国有企业在对外直接投资中具有融资、政策等所有权优势；中国企业对外直接投资区位选择受到多种因素的共同影响，对于制度因素学者存在不同的观点；对外直接投资与母国贸易的关系包括出口替代效应、出口引致效应、进口转移效应、逆向进口效应，国内研究一般支持对外直接投资对母国出口的促进效应以及对外直接投资的逆向进口效应。

1.4.3　研究方法

本书综合运用多种方法展开研究。本书在中国对外直接投资分析部分主要运用统计比较分析的方法、文献计量法；实证部分采用面板计量回归实证研究方法；在第 7 章采用案例研究方法分析中国企业对外直接投资的过程。

2 对外直接投资理论体系

2.1 邓宁的国际生产折衷理论

国际生产折衷理论（eclectic theory of international production）由英国经济学家邓宁提出。邓宁多次发表论文，系统阐述综合主义理论并将其动态化，从而形成了国际生产折衷理论的基本框架。邓宁于 1981 年在其著作《国际生产和跨国公司》中对该理论进行了新一步的深入阐述。他对于折衷理论有自己独特的看法，认为其具有三个特点：①理论是直接投资理论的精华结合；②它涉及直接投资的所有权形式；③它可以解释在跨国企业的日常营销活动中出口、对外直接投资、技术转让这三种主要方式。

国际生产折衷理论就是将西方盛行的经济理论中的垄断优势、内部化以及区位理论整合在一起。此外，该理论在产业组织以及国际贸易理论中选取了三个变量：所有权优势（ownership specific advantage，简称 O）、内部化优势（internalization advantage，简称 I）、区位优势（location specific advantage，简称 L），企业跨国经营的条件和依据具体含有上述三个指标的程度（表 2-1）。该理论就是把西方传统理论中的垄断优势和内部化综合在一起的理论学说。

表 2-1　三优势范式表解

国际化模式	所有权优势（O）	内部化优势（I）	区位优势（L）
对外直接投资	有	有	有
出口	有	有	无
技术转让	有	无	无

2.1.1　国际生产折衷理论的主要内容

邓宁认为，国际生产折衷理论融合了前辈学者以及同时期学者对于国际生产理论的看法和观点，然后形成了一个独特的理论体系，全面分析了国际生产的关键决定因素、国际生产采取的形式、国际生产的执行程度等方面，基于上述三个方面，邓宁提出了跨国经营的三大优势：所有权优势、区位优势和内部化优势，只有在这三种优势同时具备的前提下，企业才能进行对外直接投资。

所有权优势的范围较为广泛，既可以是专利等技术优势，也可以是企业规模与渠道优势。在邓宁看来企业只有拥有所有权方面的优势，才有可能克服国际市场的竞争阻力，选择对外直接投资。但是同时，就算企业具备了所有权优势也并不一定会做出对外直接投资的决策，也可能会采用出口或技术转让的形式将所有权优势转化为企业利润。

对于对外直接投资企业而言，另一个条件是内部化优势。内部化优势是指在不完善的市场当中，企业通过内化的管理、内化控制和内部化的协调来代替市场机制带来的作用，进而最终能够使其从不完全的生产经营活动中获得效益。市场的不完全是内部化的基础，而内部化实现的前提是企业的技术优势以及企业的管理优势。在邓宁看来，企业通过内部化战略可以提高效率，降低交易成本，与此同时能够维护在技术管理方面的固有优势，保持垄断优势。垄断优势和市场不完全的前提假设是内化分析的前提，但其实企业就算具有了内部化优势也并不一定会做出对外直接投资的决定，因为内化只发生在国际市场上才会产生相应的对外投资决策，企业只有内部化的优势，也可以选择先在国内的市场内部化，即扩大生产之后再对外出口。

区位优势不同于上述的两个优势，是东道国市场相对于企业的属性，是指跨国企业在国际投资里相应东道国所具备的市场环境、宏观政策以及要素禀赋等方面优势，具体如地理中的相对位置、自然环境资源、政治经济体制、政策的稳定性、市场自身的需求、劳动力成本、土地成本、基础设施条件等将直接影响企业对外直接投资的流向。所以对外直接投资发生的充分必要条件是具备以上所述的三种优势，只有这三种优势同时具备时，企业才一定会选择在东道国进行对外直接投资。

2.1.2　国际生产折衷理论的发展

随着全球化进程的发展，跨国公司的行为，活动的内容、广度和深度都发生了巨大的变化。经济全球化的深入发展使得国际的依赖性，商品、服务、资本在生产和销售方面的一体化，不同国家经济主体之间的相互依赖性都大大增加，货物和服务贸易也更为普遍。

在国际生产折衷理论的发展中，资源基础理论为其提供了新的思路。企业网络关系在当代的企业战略中起到的作用越来越被重视。企业网络的兴起为研究开拓了一个新的方向。随着信息技术的扩散、消费者偏好日趋多样化以及全球的联系日益密切等因素的影响，企业之间的竞争已经成为动态的竞争。并且跨国公司之间的竞争是全球化竞争的主要表现，企业资源的异质性和非完全流动性使得企业之间会产生不小的差异，即企业资源异质性导致了企业之间的异质性。

2.1.3　对国际生产折衷理论的评价

国际生产折衷理论吸取了以往国际直接投资理论的精髓部分，并且比较全面地分析了推动企业直接对外投资的动力和因素，在有关研究跨国公司的理论中是较有影响力的。阎建东（1994）指出邓宁的国际生产折衷理论并不是对各种理论观点的简单罗列，而是经过高度的概括和广泛的涵盖得到了理论界的普遍认同。其主要贡献在于以下三个方面：一是对海默垄断优势理论的精炼总结，以及对巴克莱内部化观点的概括且增添了区位优势因素，并对从前国际投资理论的片面性进行了优化；二是从所有权优势、区位优势、内部化优势这三个方面分析了企业的对外投资的策略，经过分析使得企业对参与国际经济活动方式有了理论方面的理解，此外一个统一了国际贸易、对外直接投资和国际协议三者的理论体系诞生了；三是邓宁将此理论体系和世界各个国家的经济发展的阶段和结构相互结合，并做出了详尽的分析，提出了投资发展周期这个意义重大的理论。这个理论对影响跨国公司对外直接投资的原因，以及原因动态变化对跨国公司直接投资行为带来的影响进行了详细解释。同时，在国际生产折衷理论基础上提出的投资发展周期理论能够解释发展中国家的对外直接投资行为，也具有一定的实际意义。

但其实国际生产折衷理论存在一些不足。第一，该理论认为对于利润的积极追求是绝大多数跨国公司对外直接投资的原因，这与投资目标不断多元化这一现实不相符合，此外它也缺乏一致性的理论，导致在一定程度上缺乏创新性；第二，国际生产折衷理论将所有权优势、区位优势、内部化优势这三个不同的因素分开讨论，没有强调三者之间的交互关系给直接投资带来的影响，即该理论是停留在静态分析中；第三，理论对于选择出口、技术转让、对外直接投资这三种国际经济活动方式的依据探讨不深入，缺乏对跨国公司的管理；第四，该理论具有国家局限性，无法解释一些缺乏技术优势的发展中国家的跨国公司的对外直接投资活动；第五，邓宁的国际生产折衷理论虽然力图使其研究与以前的理论研究相比更具动态性，但与他后来提出的投资发展周期相比，其动态性还有很大的欠缺。

2.2　海默的垄断优势论

1960 年，海默在其博士论文中提出了垄断优势论。他认为，结构性市场，特别是技术和知识市场的不完善，这些都导致了国际直接投资。在不完全竞争条件下，企业就获得了各种各样的垄断优势，如技术方面的优势、规模经济优势、资本资源的优势、组织架构方面的优势、管理能力的优势等。这些优势促进甚至决定了企业的对外直接投资。跨国公司将利用其具备的不同范围的垄断优势来规范其对外投资的方式。

2.2.1 垄断优势论的基本观点

传统的国际投资理论认为市场是完全的，因而对外直接投资主要遵循资本的流动规律，然而却难以解释美国在第二次世界大战前后的对外直接投资现象。其实完全竞争只是一种理想状态，现实中更为多见的是不完全竞争，主要是由规模经济、技术、商标及产品差异等因素引起，而不完全竞争导致了结构性市场不完善，海默认为，现实中完全竞争市场是不存在的，而市场的不完全性恰恰是对外直接投资发生的基础。

一个国家和国际市场的不完全竞争导致了跨国公司在国内市场上获得垄断优势，之后能够通过国外的生产、加工和利用形成跨国直接投资。也就是说，市场的不完善和垄断优势构成了外商直接投资的基础。在完全竞争的条件下，一个公司因为在技术、专利、资金及管理上有垄断优势从而选择了海外投资，这些优势能够通过产业组织转移到国外并且也是当地竞争对手所不具备的。

此外，对于一些传统投资理论无法解释的现象，海默的垄断优势理论能够较好地为这些理论做出较为清晰的解释。例如，现实中只有个别行业的部分企业才进行对外直接投资，对外直接投资的发生与国际利率差异并无必然联系等。

2.2.2 垄断优势论的发展

2.2.2.1 占有能力理论

约翰逊对于垄断优势中的知识资产有着自己独到的见解。在《国际公司的效率和福利意义》当中，他指出，知识的转移其实就是直接投资过程的关键部分，大意就是跨国企业对知识资产的占有与使用是对外直接投资的垄断优势的重要组成部分。约翰逊认为，知识资产的特点是其研究开发过程的成本相当高昂，且可以在多个地点同时使用。例如，企业的子公司可以利用其母公司的知识资产来进行投资，这样可以节约很多成本。相反，当地的企业要付出巨额成本才能获得相同的资产。当企业无法向外部转让其知识资产或是转让条件不利的时候，企业可以通过对外直接投资这一方法，这样能够将知识一直保持在企业的内部，同时能获得最大的外部效益。

2.2.2.2 核心资产论

核心资产论认为企业具有垄断优势的关键在于其所拥有的核心资产，企业只有具有核心资产优势才能够克服在国外市场经营的劣势。核心资产论认为企业的核心资产在于其信息资产与知识产权。例如，首先企业所拥有的各项专利技术能够保证企业在生产技术上的优势，能够形成差异化竞争与成本优势，其次企业拥有的信息与信息处理优势，如企业的管理组织与销售渠道能够保证企业在与东道国本土企业进行竞争时，尽管具有额外的成本仍然能够建立竞争优势。

2.2.2.3 寡占反应论

寡占反应是指具有垄断优势的企业在国际市场中，通过对外直接投资来巩固自身市场地位。对此，海默提出了对外投资理论，他认为，少数生产同样产品的厂商在生产决策中互相合作，共同把持投资市场，迫使大量资本因找不到投资市场而向其他市场转移。

海默对跨国公司寡占市场的反应行为解释仅是作为垄断优势理论的补充，美国的经济学家尼克伯格进一步发展了寡占反应论。他从垄断企业竞争战略出发，对美国的 187 家跨国公司的各种投资行为进行了研究，发现在这一时期，许多同行业的对外直接投资是由少数几家寡占企业在短时间内迅速建立的，并具有同时性的特点。而传统的垄断优势论并不能解释这一时期美国对外直接投资的发展，为此，尼克伯格认为寡占反应是这一时期美国对外直接投资增长的主要原因。

尼克伯格指出，寡头公司采取的行为都会被其他的企业效仿，所以需要不断缩小差距，减少风险，从而有效地维持两方力量的平衡，这就是寡占垄断反应。垄断企业模仿龙头企业的竞争战略是企业进行国际直接投资的主要原因。受到龙头企业对外直接投资的刺激，为了增大市场规模其他的企业也会模仿其行为，选择和寡头企业到同一海外市场直接投资。

2.2.3 对垄断优势论的评价

海默提出的垄断优势论首次以市场的不完全性为基础，以企业在生产技术、管理能力等方面相对优势为支撑，解释了对外直接投资与间接投资的差异，不同于证券投资的特点。海默的垄断优势论首次创新地对企业的对外直接投资行为进行了研究，并形成了系统的研究领域，以此构成对外直接投资研究的重要的理论基础之一。

这一理论首次对发达国家企业对外直接投资做了很好的解释。企业的直接投资行为，无论是从发达国家的企业向发展中国家投资，还是发达国家企业之间的双向投资现象，都可以用这一理论进行解释说明，但海默的垄断优势论无法解释发展中国家企业的对外直接投资行为，尤其是从发展中国家投资到发达国家市场的企业行为，这些投资现象自 20 世纪 60 年代末以来逐渐增加，引起学界的广大关注。面对这一国际直接投资领域业界出现的新现象，学者从不同的角度进行了分析和阐释，也逐渐形成了相应的解释思路。关于此，其他经济学家也提出了几种新理论。

海默垄断优势论的提出与发展具有一定的现实意义，它既能够解释当时普遍存在的跨国企业在国际市场上的横向投资行为，同时也能够解释跨国公司存在的纵向投资行为。经许多经济学家补充和发展，垄断优势论整个理论体系比较完善。

2.3　弗农的产品生命周期理论

美国经济学家弗农观察第二次世界大战后美国的对外投资行为变迁，发现美国相继投资于拉丁美洲、加拿大以及欧洲，为了解释这种现象，弗农提出了对外投资的产品生命周期理论，认为企业的对外投资行为受产品生命周期的影响。企业的垄断因素和东道国区位因素被弗农有机结合在一起进行动态分析，结合时间周期以此形成产品生命周期理论，这既是国际贸易理论，也是国际投资理论。产品生命周期理论从产品（或技术）的研发和生产角度进行考察，认为企业的各种优势最终体现在产品（或技术）上。随着企业产品生命周期的延伸，企业根据自身不同时期的优势，基于市场需求和生产条件等因素会选择在不同的国家进行对外直接投资。

2.3.1　产品生命周期理论的主要内容

产品生命周期理论认为，在长期技术优势的基础上，跨国公司对外直接投资的过程经历了创新、成熟和标准化三个阶段。产品生命周期理论将国家分为三种类型，即创新国（一般为发达国家）、模仿国（一般为次发达国家）以及欠发达国家（一般为发展中国家）。产品生命周期理论沿用了模仿滞后假说的设定。产品生命周期理论认为，创新国、模仿国与欠发达国家具有不同的区位优势与技术特点，在不同的阶段内企业选择进行对外投资地点所考虑的优势侧重点不同，因而随着产品生命周期的延伸，对外直接投资随之发生，区位选择也随之变化（图 2-1）。

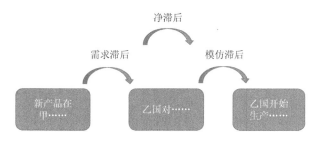

图 2-1　需求与模仿

　　表 2-2 介绍了产品生命周期各阶段特点。在产品的介绍期，新产品刚刚被开发出来，此时，产品仅在创新国进行生产，由于创新国企业研发新产品需要投入大量的研发成本，同时，在此阶段由于生产工艺尚不完善，新产品的生产成本一般较高，产品价格较高，此时企业一般只在创新国国内市场流通，发明新产品的创新企业往往在这一时期仅依靠其在产品生产工艺技术上的领先地位就能够在市场中牢牢占据其垄断地位，并根据这一生产工艺技术优势的可持续性保持长期获取高额的垄断收益。与此同时，存在一些与创新国发展水平、收入水平接近的相邻市场，一般称为次发达国家市场，在这些国家或地区可能会慢慢出现少量的市场需求，国际贸易随之出现。产品的成熟阶段是在新产品出现后，随着研发的继续投入，新产品（或技术）生产工艺不断提升并成熟的阶段。可以这样解释，当创新国开发出新产品之后，随着产品（或技术）生产技术逐渐熟练、工艺逐渐完善，产量增长迅速，研发带来的产品成本持续下降；当研发成本下降、被平均分担到一定程度，此时产品生产逐渐由技术密集型转化为资本密集型。同时，随着市场竞争加剧和激发出的迅速扩大的需求，新产品也逐渐被本国消费者广泛认可，而且与本国发展水平相近的次发达国家的消费者也跟上创新国的消费水平，新产品在次发达国家逐渐得到认可。这时，企业为了满足这部分日益增长的国外市场需求，可能会采取出口贸易的形式把产品出口到国外市场，此外由于这些次发达国家较高的模仿生产额能力，进口国模仿生产的出现，企业这时会选择直接投资在国外市场，取得市场先机占领市场。

表 2-2　产品生命周期各阶段特点

特点	介绍期	成长期	成熟期	衰退期
市场容量	市场容量小，市场渗透率低，产品价格高	市场容量逐步扩大，市场渗透率迅速提高，产品价格不断降低	市场逐渐饱和	新产品替代，市场容量迅速降低
生产规模	生产规模小	生产规模逐步提高，生产能力不足	大规模生产，出现剩余生产能力	生产能力过剩，规模缩小，产品定制出现
生产成本	产品成本高	产品成本逐步降低	产品成本最低	生产成本提高

特点	介绍期	成长期	成熟期	衰退期
产品质量	技术互相竞争，不稳定，产品质量低劣，设计经常变化	技术趋于稳定，产品质量标准化，质量得到改进	技术稳定，质量稳定并形成标准化，减少产品差异	便利品
消费者认知度	消费者认知度低，产品面向高收入者	消费者认知度逐步提高，产品开始面向大众	消费者全面认同，产品替代、重复购买	新产品替代，消费者逐渐放弃
竞争	少数企业	企业数量增加	企业众多，价格竞争激烈	企业逐步退出

产品的标准化阶段，则是指生产产品（或技术）的工艺流程发展到一定程度后形成标准化生产的阶段。随着产品（或技术）生产工艺的不断研发，产品的生产最终到达转化阶段，此时产品的竞争主要表现为资本成本与劳动力成本的竞争。以前的技术密集和资本密集都带来较高的成本，此阶段技术不再是竞争关键要素，成本成为企业竞争更加有利的因素，因此企业会选择在资本成本与劳动力成本相对较低的欠发达国家或地区进行投资，并在当地进行生产，并且通过返销国内或者转销其他地区达到集中生产全球销售的状态。最终，创新企业权衡成本与收益，当直接海外生产不能带来更多收益时，企业会选择将生产技术通过授权生产等形式进行转让。

产品生命周期理论解释了在第二次世界大战之后，美国的公司对外直接投资的动机、时机选择和区域定位。从1950年到1980年这30年之间，美国企业的对外投资从118亿美元增加到2000亿美元。20世纪50年代，大部分投资集中在美国的邻国，如美国北部的加拿大和美国南部的拉丁美洲地区。但是进入60年代之后，投资重心已经开始逐渐转移去了欧洲，如其对欧洲共同体的投资额占美国企业对外直接投资份额在20世纪50年代末到20世纪60年代中，从16%增长到了32%。70年代后，投资的重心又在此发生转移，转移到了发展中国家，份额从20世纪70年代中期的18%发展到20世纪80年代的25%（唐任伍和王宏新，2002）。众所周知在产品（或技术）的创新阶段，拥有大量资本和技术的美国具备最重要的研发技能，同时还具备与之匹配的高消费市场条件；而当产品（或技术）进入成熟阶段，新产品的蔓延或者消费的激发，使得美国国内市场以及国外其他相近市场对新产品的需求不断加大，此时新产品企业能够通过差异化战略避免竞争。在产品的成熟阶段，对于美国来说，类似西欧等发达国家具有较为广阔的生产机会和消费市场，此时，美国的新产品企业会选择进行海外对外直接投资来扩大收益。最后，随着产品进入标准化阶段，产品的技术已经不再是秘密，较多竞争者开始出现，研发所能够带来的技术提升相对有限，此时产品的成本成为获得市场的主要因素，此时技术优势也不复存在。为了降低成本继续在市场竞争中攫取利润，企业会选择具有劳动力成本优势的国家进行生产，服务当地及临近市场，甚至返销国内市场。

2.3.2 对产品生命周期理论的评价

在之前静态国际投资理论的基础上，产品生命周期理论创造性地从产品生命周期动态发展的角度，解释了对外直接投资在不同阶段的变化特点，能够较好地解释现实中美国第二次世界大战以后的对外资投资流向变化，具有广泛的理论意义与现实意义。

但产品生命周期理论也有一定的局限性，首先它没有解释对外投资企业所拥有的优势的来源，其次产品生命周期理论不能解释部分企业在国外研发新产品的行为，最后也不能解释当前存在的发达国家之间大量相互投资的现象。

2.4 小岛清的边际产业扩张理论

边际产业扩张理论是关于从边际产业开始国际直接投资的理论。在 1977 年出版的《对外直接投资论》一书中，日本的经济学家小岛清提出了该理论。20 世纪 60 年代，日本对外直接投资的发展异常迅速，并且表现出不同于美国的特点，传统的对外投资理论一般认为企业之所以进行对外直接投资是由于自身所有的垄断优势，但不能解释日本大量中小企业对外直接投资的现象，小岛清于 1977 年发表了《对外直接投资论》，在赫克歇尔-俄林（H-O）模型的原理的基础之上，构建了包含劳动力、资本、技术、管理四种生产要素的 H-O-S 模型，提出采用边际产业扩张来解释日本的对外直接投资。

2.4.1 边际产业扩张理论主要内容

20 世纪 70 年代，日本相对美国总体规模偏小，其跨国公司在数量上与美国保持着较大的差距，跨国直接投资有着截然不同的特点（表 2-3）。

表 2-3 美国与日本投资的对比

投资差异	美国	日本
投资驱动	多为市场导向型	多为自然资源和劳动力导向型
投资主体规模	多为大型跨国公司	多为中小型企业
投资经营方式	多为独资	多为合资

续表

投资差异	美国	日本
投资流向	发达经济体	发展中国家
投资行业	具有比较优势的产业或领域	边际产业
与贸易的关系	替代	互补

（1）投资驱动的差异：日本企业的对外直接投资有别于美国企业，多体现为自然资源导向驱动和劳动力导向驱动，而美国的对外直接投资则是多为市场导向驱动。

（2）投资主体规模的差异：日本对外直接投资的主体集中在中小型企业，而美国对外直接投资的主体多为大型跨国公司。

（3）投资经营方式的差异：日本的中小型企业更多倾向于采用合资的方式在国外进行对外直接投资，而美国的大型跨国公司多采用独资的方式在国外设立公司。

（4）投资流向的差异：日本的投资主要流向发展中国家，这些国家具备相对丰裕的自然资源以及相对较低的劳动力成本，而美国的投资主要流向发达经济体，这些区域的消费者具有更高的收入水平，从而具备良好的市场潜力。

（5）投资行业的差异：日本的对外直接投资行业主要集中在丧失比较优势的产业，即边际产业，其对外直接投资有利于日本的经济结构调整，而美国的对外直接投资行业相对集中在显著或者潜在具有比较优势的产业或领域。

（6）与贸易的关系：日本通过对外直接投资转移生产，并且能够返销国内，其对外直接投资与贸易二者之间不是对立，其实是一种互补关系，美国的对外直接投资是为了满足国外做市场需求，与贸易是替代关系。

小岛清利用赫克歇尔-俄林模型的原理来分析日本20世纪70年代企业的对外直接投资，在对日本与美国企业对外直接投资对比分析后得出结论，认为日本式FDI促进了日本的进出口贸易，FDI与贸易存在促进互补的关系；两者之间相互补充、相互促进的关系，能够增进社会福利。美国式FDI的增加，在一定程度上减少了美国对外贸易，FDI与贸易之间是相互替代关系。小岛清进一步分析了其中的缘由。他指出如果一国具有比较劣势的产业通过对外直接投资将这一产业的一系列资本、技术和管理输往其他国家，将引起本国产业结构的调整和进出口构成内容的变化，而这一产业也将会在东道国发展成为一种新的比较优势。如果FDI发生在本国具有比较优势的产业，而且投资产业在东道国难以转变为比较优势，则这种FDI将阻碍国际贸易的充足，从而导致效率损失。在这种情况下FDI将导致贸易量减少。

在当时对外直接投资理论无法解释和指导日本对外投资活动的背景下，小岛清的边际产业扩张理论横空出世。实践证明，这对促进日本对外直接投资确实起到了积极作用。即使在今天，日本对一些发展中国家的投资仍然没有出口高技术，这是受到边际产业扩张理论中技术差距最小的产业转移的影响。

2.4.2 对边际产业扩张理论的评价

边际产业扩张理论将微观分析作为既定的前提条件，并在此基础上注重从宏观的动态的角度对跨国公司的对外直接投资行为进行深入的研究。论证了日本不同于美国的投资特点，具有现实意义。同时不同于一般投资理论所认为的投资与贸易直接的替代关系，边际产业扩张理论提出了投资创造贸易的观点，并且能够解释垂直型对外直接投资行为，其动态分析方面分析得较为全面。然而该理论也难以避免地存在着一些缺陷。

边际产业扩张理论的局限性在于，其不具备普遍适用性，仅能解释日本在特定时期的投资，不能解释后来日本投资特点的变化。同时，边际产业扩张理论所认为的投资对欠发达地区的经济促进作用未能得到有效证实。

2.5　本章小结

邓宁的国际生产折衷理论是对垄断优势理论、内部化理论以及区位理论观点的一个综合，全面地解释企业参与国际市场的方式选择，对企业何时做出选择及何时进行对外直接投资给出了明确的解释，与此同时也解释了企业进行对外直接投资的区位选择。作为一种较为综合的理论，国际生产折衷理论具有普遍的解释意义，在国际投资理论的发展中影响深远，闫建东（1994）指出邓宁的国际生产折衷理论并不是对各种理论观点的简单罗列，而是经过合理发展融入其体系。邓宁的国际生产折衷理论与其他学说的区别还在于同时涉及了企业微观领域和宏观领域。同时，在国际生产折衷理论基础上提出的投资发展周期理论能够解释发展中国家的对外直接投资行为，也具有一定的实际意义。

海默的垄断优势论首次以市场的不完全性为基础，以企业在生产技术、管理能力等方面相对优势为支撑，解释了对外直接投资与间接投资，即不同于证券投资的特点。垄断优势论首次重点系统地研究了企业的国际直接投资行为，并自成一派形成了系统的研究领域，为之后关于国际直接投资的其他研究奠定了理论基础，对外直接投资领域的理论研究从此建立起自己独有的系统。垄断优势论的提出与发展在实践中也具有重要的意义，它既能够解释跨国企业在国际市场上的横向投资行为，也能够解释跨国公司存在的纵向投资行为。该理论能够有效阐释和指导现实中跨国公司的对外直接投资，为以后的国际直接投资理论与实践研究奠定了基础。

不同于之前的静态国际投资理论，弗农的产品生命周期理论创造性地从产品生命周期动态发展的角度，解释了对外直接投资在不同阶段的变化特点，能够较好地解释现实中美国第二次世界大战后的对外资投资流向变化，具有广泛的理论意义与现实意义。

边际产业扩张理论基于日本不同于美国的对外直接投资特点，在赫克歇尔-俄林模型的原理的基础之上，构建了包含劳动力、资本、技术、管理四种生产要素的 H-O-S 模型，认为一国应该从边际产业开展对外直接投资活动，解释了日本不同于美国的投资特点，具有现实意义。同时不同于一般投资理论所认为的投资与贸易直接的替代关系，边际产业扩张理论提出了投资创造贸易的观点，并且能够解释垂直型对外直接投资行为。

3 对外直接投资的国际比较

3.1 发达国家对外直接投资实践的国际比较

对外直接投资最开始是发生在发达国家的，到了 20 世纪 80 年代，发达国家共占据全球对外直接投资总量的 90%。相对于新兴国家，发达国家开展对外直接投资起步早，积累的经验丰富，到目前已经形成众多跨国公司并对世界各地进行对外直接投资，本章选取美国、日本和荷兰作为研究对象，揭示发达国家对外直接投资的特征。

3.1.1 美国对外直接投资的发展历程

美国虽然是后起的资本主义国家，但是发展迅速，截至目前已经成为全球实力最雄厚、经济最发达的国家，是最典型的发达国家代表。自第二次世界大战之后，美国对外直接投资迅速增长，并取代英国，成为全球最大的对外直接投资国，对外直接投资流量和存量都稳居世界第一位。美国对外直接投资按照发展历程可以分为以下几个阶段。

3.1.1.1 19 世纪 90 年代至第一次世界大战前夕

南北战争后，美国资本主义进入飞速发展时期，美国不断积累资本，并逐渐成为资本输出大国。据统计，1897 年美国对外直接投资总额共计 6 亿美元。19 世纪 90 年代后期，美国开始形成大规模对外直接投资，1908 年该数字迅速增加达到 16 亿美元。在 1914 年第一次世界大战前夕，美国对外直接投资总额已经达到 26.32 亿美元，在当时占据资本主义主要国家对外投资的 50%以上（杨长湧，2011）。

表 3-1、表 3-2 给出该时期美国对外直接投资的地区分布和行业分布，从中可以总结出美国在此时期对外直接投资的特点。

表 3-1　1914 年美国对外直接投资的地区分布和行业分布　　　单位: 亿美元

地区	合计	铁路	公共工程	石油	矿业	农业	制造业	销售业	其他
拉丁美洲	12.81	1.76	0.98	1.33	5.49	2.43	0.37	0.34	0.11
加拿大	6.18	0.69	0.08	0.25	1.59	1.01	2.21	0.27	—
欧洲	5.73	—	0.11	1.38	0.05	—	2.00	0.85	0.08
亚洲	1.30	0.10	0.16	0.40	0.03	0.12	0.10	0.15	1.24
大洋洲	0.17	—	—	0.02	—	—	0.10	0.05	0.14
非洲	0.13	—	—	0.05	0.04	—	—	0.04	—
总计	26.32	2.55	1.33	3.43	7.20	3.56	4.78	1.70	1.77

资料来源: 杨长湧. 美国对外直接投资的历程、经验及对我国的启示. 经济研究参考, 2011 (22): 44-51

注: 拉丁美洲数据为墨西哥、古巴及西印度群岛、中美洲、南美洲数据之和

表 3-2　1914 年美国对拉丁美洲地区的对外直接投资及其行业分布　　　单位: 亿美元

地区	合计	铁路	公共工程	石油	矿业	农业	制造业	销售业	其他
墨西哥	5.87	1.10	0.33	0.85	3.02	0.37	0.10	0.04	0.06
古巴及西印度群岛	2.81	0.24	0.58	0.06	0.15	1.44	0.20	0.09	0.05
中美洲	0.90	0.38	0.03	—	0.11	0.37	—	0.01	—
南美洲	3.23	0.04	0.04	0.42	2.21	0.25	0.07	0.20	—

1）地区分布

此时美国的对外直接投资分布区域遵循的原则是就近投资，且资本多流向经济落后地区。首先占比最大的当属拉丁美洲和毗邻的加拿大，其中拉丁美洲占据美国对外直接投资总额的 48.7%，加拿大占据美国对外直接投资额的 23.5%，二者共占比约 72%，是一个非常庞大的数额（尹建军，2003）。其次是欧洲，占比约 21.8%，对亚洲、非洲和大洋洲的投资总额仅占 6.08%，数据的背后其实折射出美国当时对外直接投资的特点。在区域选择上美国先关注就近国家或经济落后地区，原因是这些国家或地区经济欠发达，原材料和劳动力等相对廉价，市场空间相对较大，利润空间较高，因此这些国家或地区首先得到美国的青睐。

2）行业分布

此时美国的对外直接投资聚焦两类。一是对于拉丁美洲等经济落后地区，美国侧重于对石油、矿业的投资，从表 3-1 中可以看到美国对拉丁美洲的石油和矿业投资占投资总额的 53.2%。这些国家拥有丰富的自然资源和廉价的劳动力，利润空间较大；二是对于欧洲等经济发达国家或地区，美国则重点投资到制造业中，从表 3-1 中可以看到美国对欧洲制造业的投资占比最高，原因是欧洲国家经济发展水平比较高，技术先进。总体来看，美国此时对外直接投资还

是聚焦在对石油、矿业等初级产品行业的投资，对制造业的关注也是局限在欧洲等经济发达国家。

3.1.1.2　两次世界大战期间

第一次世界大战的发生给全人类带来了毁灭式的巨大灾难，全球经济严重受创，但有个国家却独善其身，积累了雄厚的资本，它就是美国。而此时的欧洲国家在大战中遭受到严重的经济破坏，正在努力恢复本国经济。美国利用欧洲经济恢复和自身积累雄厚的经济资本这一有利时机，开始了大规模的对外直接投资，到1940年，美国的对外直接投资总额由1914年的16.32亿美元增至70亿美元，对外投资规模发展迅速。表3-3给出了1940年美国对外直接投资的地区和行业分布。可以看到，在这期间，美国的对外直接投资呈现出以下特点。

表 3-3　1940 年美国对外直接投资的地区和行业分布　　　单位：亿美元

地区	总额	制造业	石油业	采矿业	农业	贸易业	公共工程	其他
拉丁美洲	27.71	2.10	5.72	5.12	3.59	0.82	9.62	0.74
加拿大	21.03	9.44	1.20	1.87	0.10	1.12	4.07	3.23
欧洲	14.20	6.39	3.06	0.53	—	2.45	0.74	1.04
其他	7.06	1.33	2.80	0.30	0.63	0.84	0.71	0.46
总计	70.00	19.26	12.78	7.82	4.32	5.23	15.14	5.48

资料来源：杨长湧. 美国对外直接投资的历程、经验及对我国的启示. 经济研究参考，2011（22）：44-51

1）地区分布

美国仍然以邻国为主要投资国，拉丁美洲和加拿大占比依然较大，此外欧洲也占据一定份额。

2）行业分布

采矿业和石油业仍然是美国对外直接投资重点关注的行业，占据较高比例，但是制造业和公共工程的投资增长速度快，比重不断上升。1940年美国对制造业投资占投资总额达到27.5%，相对于1914年18.2%的规模有了极大的提升，制造业和公共工程正在占据主要地位。对拉丁美洲和加拿大的投资行业还是集中在采矿业和石油业等原材料初级产品行业，对欧洲等国的投资以制造业为主。

3.1.1.3　第二次世界大战后到 20 世纪 90 年代

美国在第二次世界大战取得胜利后，凭借其战胜国的地位和在战争中积累的众多财富，经济实力进一步增强，经济地位也进一步提高。1944 年 7 月，布雷顿森林会议的召开标志着以美元为中心的国际货币体系的确立。据统计，第二次世界大战后初期美国单独拥有资本主义世界工业产量的 53.4%（1948 年），出口贸易的 32.4%（1947 年），黄金外汇储备的 74.5%（1948 年），均居于世界第一位。由于英国在第二次世界大战期间变卖和损失大量海外投资，美国取代英国成为全球最大的资本输出国和全球经济实力最强劲的国家，由此便开始了美国主导世界经济的新篇章。从表 3-4 中可以看到，第二次世界大战后美国对外直接投资累计额迅速增加，1985 年以后，由于跨国公司的海外扩张，全球对外直接投资爆炸性地增长。表 3-5 和表 3-6 给出了此时美国对外直接投资的地区分布和行业分布。

表 3-4　1951～1965 年美国对外直接投资累计额　　　单位：亿美元

年份	投资额	年份	投资额
1914	26.32	1991	4 678.44
1940	70.00	1992	5 020.63
1945	84.00	1993	5 642.83
1950	118.00	1994	6 128.93
1955	194.00	1995	6 990.15
1960	319.00	1996	7 951.95
1965	495.00	1997	8 713.16
1970	782.00	1998	10 007.03
1975	1 242.00	1999	11 307.89
1980	2 153.75	2000	12 446.54
1985	2 302.50	2005	23 547.00
1990	4 305.21		

资料来源：阮营诗. 二战后美日对外直接投资产业选择比较分析. 吉林大学硕士学位论文，2007

表 3-5　第二次世界大战后美国对外直接投资的地区分布

年份	发达国家	发展中国家	国际机构等
1950	48.3%	48.7%	3.0%
1955	55.1%	41.4%	3.5%
1960	60.6%	34.9%	4.5%
1965	65.3%	30.7%	4.0%
1970	68.7%	25.4%	5.9%
1975	73.1%	21.2%	5.7%
1980	73.5%	24.7%	1.6%
1985	74.3%	23.4%	2.3%
1990	74.1%	25.1%	0.8%

资料来源：陈继勇. 美国对外直接投资研究. 武汉：武汉大学出版社，1996

表 3-6　第二次世界大战后美国对外直接投资的行业分布

年份	矿产、石油业	制造业	服务业	其他
1914	40.0%	18.2%	6.5%	28.3%
1929	30.6%	24.1%	4.9%	40.4%
1940	29.4%	27.5%	7.5%	35.6%
1950	38.3%	32.5%	18.6%	10.6%
1960	43.3%	34.7%	14.3%	7.7%
1970	35.7%	41.3%	12.0%	11.0%
1980	25.0%	41.7%	28.2%	5.1%
1985	25.1%	41.1%	28.3%	5.6%
1990	14.2%	39.9%	40.9%	5.0%
1995	9.8%	36.2%	48.0%	6.0%
2000	8.5%	27.6%	56.4%	7.5%
2003	23.6%	61.7%	8.5%	6.2%

资料来源：阮营诗. 二战后美日对外直接投资产业选择比较分析. 吉林大学硕士学位论文，2007

1）地区分布

从表 3-5 可以看到，美国对外直接投资的地区逐渐聚焦发达国家，从 1950～1990 年，美国对发展中国家的投资呈下降趋势，从 48.7%下降至 25.1%，对发达国家的投资呈上升趋势，从 48.3%上升至 74.1%。

2）行业分布

从表 3-6 可以看到，美国对外直接投资的行业从以石油、采矿业等资源密集型行业为主逐渐转移到制造业和服务业当中。其中制造业占比在 1980 年达到顶峰41.7%，自此之后逐渐下降，但仍然占据着重要比重；服务业总体上是一个上升的趋势，2000 年比重达到 56.4%。可以说此时美国对服务业的投资占据其对外直接投资的主要部分，随之是对制造业的投资，此时美国已经不太倾向于对资源密集型行业进行投资。

为什么第二次世界大战后美国的对外直接投资总额呈飞跃式增长呢？究其根源与生产力和资本主义的发展密不可分。第二次世界大战后，美国确立了全球经济霸主的地位，随着第三次科技革命带来的生产力的进步，极大地刺激了美国经济的发展，一大批实力雄厚的跨国企业应运而生，这为美国对外直接投资提供了基础。第二次世界大战后，经济全球化程度进一步加深，各国都在努力恢复经济增长，出台相关政策恢复与促进本国的经济，国际资本流动速度加快，进一步促进美国对外直接投资。

3.1.1.4 20 世纪 90 年代以来

进入 20 世纪 90 年代，美国对外直接投资额大幅度上升。根据 UNCTAD2019 年 8 月的统计数据，在 2019 年全球对外直接投资余额为 30.9 万亿美元，其中美国对外直接投资存量占据 20%，约是排名第三的中国的三倍。在投资地区上，从表 3-7 可以看到，2017 年欧洲是美国对外直接投资的主要地区，占比为 60%；其次是拉丁美洲和其他西半球地区及亚太地区，投资份额占比分别为 15.6% 和 14.5%，可见美国对外直接投资是以发达国家为主。这一点结合投资行业有更加清晰的解释，在 20 世纪 90 年代后，美国对外直接投资以制造业为主的局面被打破，对服务业的投资进入高速发展阶段，正在逐渐占据主导地位，欧洲等发达国家的服务业发展水平高，故而美国对发达国家的投资比较多。

表 3-7　美国分地区对外直接投资量　　　　　单位：亿美元

年份	欧洲	拉丁美洲和其他西半球地区	亚太地区	加拿大	中东	非洲
2017	35 534	10 081	9 412	3 912	691	503
2018	36 104	9 323	8 863	4 019	722	478

3.1.2 日本对外直接投资的发展历程

日本对外直接投资的进程主要是从第二次世界大战后开始的。第二次世界大战结束后，日本经济严重受创，其对外直接投资几乎是从零开始，是从无到有的逐渐发展过程，这个资源小国经济建设与发展迅速，对外直接投资相应也以倍速增长。据统计，从 20 世纪 50 年代起步以来，日本对外直接投资在 80 年代进入加速发展阶段，速度惊人，平均发展速度在 40 年间每 7～8 年就会翻一倍。1949～2000 年，美国对外直接投资额增长了近 100 倍，而日本却增长了 200 多倍。2006 年日本对外直接投资比前一年增加了 10.6%，创下当时最高纪录（阮营诗，2007）。日本的对外直接投资规模其实与本国的经济发展紧密相关，因此，其对外直接投资的发展历程可按照其经济建设与发展历程划分为以下几个阶段。

（1）20 世纪 50 年代初至 70 年代的起步阶段

第二次世界大战对日本国内经济造成巨大的破坏，此时日本经济一片狼藉，亟待恢复，在第二次世界大战期间，日本几乎丧失了全部的对外直接投资。

第二次世界大战后，日本经济处于复兴阶段，国内资金短缺，资本需求急速攀升，使得企业的投资大部分放在国内市场。同时日本政府对企业的对外直接投资进行一定的限制，审查比较严格，因此无论从经济实力还是国家管制方面，此时的日本对外直接投资需求较小，规模也很小，投资的领域也有限，属于起步阶段。

表 3-8 给出该时期日本对外直接投资额，可以看到，整体上这段时期日本对外直接投资规模小，数额相对较低。此时日本的对外直接投资主要将目光放在资源开发业和商业服务行业。可能是因为，日本本身是一个资源匮乏的岛国，战后若想恢复经济，势必要投入大量资源，此时对资源的获取便十分关键，对资源的需求很大。同时，为了更好地服务本国的对外直接投资，日本在很多国家进行商业、服务业投资，试图建立全球产品销售体系（张国胜，2015）。从表 3-9 的地区分布来看，这一时期的日本主要将资金投放在资源丰富的亚太地区、美洲以及中东地区，可见对资源的获取是这一时期日本进行对外直接投资的主要动因。

表 3-8　1951～1965 年日本对外直接投资额　　　单位：万美元

年份	对外直接投资额
1951～1956	110
1957	42.7
1958	1095
1959	909
1960	3720
1961	9300
1965	7700

表 3-9　1951～1978 年日本累计对外直接投资的地区分布

地域	金额/万美元	比率
北美	67 650	25.2%
中南美	43 730	16.3%
亚洲	76 680	28.6%
中东	19 710	7.4%
欧洲	33 980	12.7%
非洲	11 380	4.2%
大洋洲	14 960	5.6%
合计	268 090	100.0%

资料来源：卢汉林. 战后日本对外直接投资与外国对日本直接投资. 武汉：武汉大学出版社，1995

（2）1971～1990 年的高速发展阶段

在 20 世纪 60 年代后期，日本经济已经得到很好的恢复，经济实力大幅度增强，经济年增长率达到 10%以上。在 1968 年，日本国民生产总值更是跃居世界第二位，成为全球仅次于美国的第二大经济强国。这段时间，随着日本经济的高速增长，日本对资源的需求大幅度提升，国内建立起大工业生产模式。此时的日本已经有相当充裕的资本进行对外投资，日本政府也在 1969 年放开对企业海外投资的限制，鼓励和支持企业对外直接投资。从表 3-10 可以看到，这段时期日本的对外直接投资额有明显的上升。特别是从 1972 年开始，日本的对外直接投资额从 1971 年对外直接投资额 8.58 亿美元直接增加至 23.38 亿美元。到了 20 世纪 80 年代，这一数字更是呈飞速增长，到了 1989 年甚至达到 675.4 亿美元。

表 3-10　1971～1989 年日本对外直接投资额　　　　单位：亿美元

年份	对外直接投资额	年份	对外直接投资额
1971	8.58	1979	50.00
1972	23.38	1981	89.32
1973	34.90	1985	122.00
1974	24.00	1986	200.00
1978	46.00	1989	675.40

资料来源：张国胜. 中国对外直接投资战略与政策的研究. 北京：经济科学出版社，2015

在投资地区上，日本对外直接投资重心已经逐渐从发展中国家转向发达国家。在投资行业上，日本涉及的行业比较多元化。为了满足经济发展的资源需求，日本对资源能源开发等资源密集型行业的投资较多，比较典型的是日本对中东地区的石油投资。此外日本对制造业和第三产业也比较关注。其中，制造业的钢铁、化学、机械、机器等行业投资增加比较明显。第三产业中的商业、服务业、运输业、金融保险业等呈现大幅度增长，特别是金融保险业和服务业。

（3）20 世纪 90 年代至 21 世纪初的停滞调整阶段

到了 20 世纪 90 年代，日本泡沫经济开始破灭，加上东南亚金融危机的影响，日本对外直接投资受到严重影响。1990 年，日本对外直接投资为 569.11 亿美元，是 1989 年的 84.3%，1991 年投资金额进一步下降，甚至下滑到 1989 年的 61.6%，为 415.84 亿美元。在之后的几年，日本的对外投资金额持续呈下降及小幅波动趋势，直到 1999 年才恢复到与 1989 年持平的数额，然而进入 21 世纪初又开始呈现反复波动的态势，如表 3-11 所示。在这期间，日本对外直接投资的地位在国际上一落千丈，从 20 世纪 80 年代世界对外直接投资大国一下子滑落至世界前十名开外，可以说，日本对外直接投资与其经济的发展密不可分，泡沫经济的破灭带来的是日本对外直接投资大国地位的衰落。

表 3-11　1990～2006 年日本对外直接投资额　　　　单位：亿美元

年份	对外直接投资额	年份	对外直接投资额
1990	569.11	1999	675.02
1991	415.84	2000	490.34
1992	341.38	2001	322.97
1993	360.25	2002	368.58
1994	410.51	2003	360.92
1995	513.92	2004	355.48
1996	480.21	2005	454.71
1997	539.77	2006	502.91
1998	412.28		

资料来源：阮营诗. 二战后美日对外直接投资产业选择比较分析. 吉林大学硕士学位论文，2007

　　从表 3-12 可以看出，进入 20 世纪 90 年代后，日本的对外投资地区是集中在发达地区，主要是北美、美国和欧洲，但随着年份的增长，日本对亚洲地区的对外直接投资重视度不断提高，尤其是到了 1992 年，随着中国对外开放步伐的加快，日本开始把投资重心放到中国上。据统计，在 20 世纪 80 年代日本对华投资平均不到 3 亿美元，到了 1995 年这一数字达到 46.09 亿美元，占据其当年对外直接投资总额的 9%。以上投资地区的分布说明日本对外直接投资的主要动因已经从资源获取型、贸易促进型转变为开拓市场，日本的对外直接投资动机的转变其实反映了其试图建立全球生产与流通网络以及以获取专利与信息为主的全球市场拓展型战略（张国胜，2015）。向欧美等发达国家投资是与欧洲共同体及北美自由贸易区抢占市场；向亚太地区投资是为了控制东亚区域的市场，确立在东亚的经济霸主地位。再者，亚洲地区的劳动力和原材料相对比较廉价，这也是吸引日本投资的一个重要原因。

表 3-12　1990～2004 年日本对外直接投资的地区分布

地区	1990～1997 年		1998～2004 年	
	金额/亿美元	比率	金额/亿美元	比率
北美	1613.27	44.43%	789.33	26.44%
美国	1554.53	42.81%	751.07	25.16%
中南美	329.55	9.08%	446.21	14.95%

地区	1990～1997 年		1998～2004 年	
	金额/亿美元	比率	金额/亿美元	比率
亚洲	719.12	19.80%	481.31	16.12%
中国	152.30	4.19%	137.83	4.62%
中东	21.96	0.60%	3.57	0.12%
欧洲	720.58	19.85%	1162.27	38.93%
非洲	35.66	0.98%	16.64	0.56%
大洋洲	190.87	5.26%	86.26	2.88%

（4）21 世纪初至 2019 年的恢复阶段

随着日本经济的逐渐恢复，日本对外直接投资的总额也呈现缓慢增加的趋势，如表 3-13 和表 3-14 所示。从投资地区来看，是发达国家与发展中国家并重。对发达国家的投资更多是开拓市场抢占市场份额，对亚洲地区的投资还是从原材料和劳动力成本以及广阔的市场空间出发考虑。中国拥有广阔的市场，且随着我国对外开放政策的逐步实施，日本非常重视对华投资；但是随着我国的劳动力成本的进一步提高，日本已经将一些对初级产品的投资转向劳动力低廉的越南等东南亚国家。从投资行业来看，对制造业的投资重点还是放在化学、机器上面，对非制造业的投资重点放在金融保险、商业等领域。

表 3-13　2011～2019 年日本对外直接投资总额　　　单位：亿美元

年份	对外直接投资总额	年份	对外直接投资总额
2011	1088.08	2016	1785.33
2012	1223.55	2017	1737.68
2013	1350.49	2018	1584.12
2014	1380.18	2019	2486.75
2015	1384.28		

表 3-14　2005～2019 年日本对外直接投资的地区分布

地区	2005～2010 年		2011～2019 年	
	金额/亿美元	比率	金额/亿美元	比率
亚洲	1188.58	27.53%	3645.94	25.88%
中国	396.09	33.32%	1044.54	28.65%
东南亚国家联盟	272.15	22.90%	1108.09	30.39%
北美	1066.92	24.71%	3744.76	26.58%

续表

地区	2005～2010 年		2011～2019 年	
	金额/亿美元	比率	金额/亿美元	比率
美国	1016.22	95.25%	3565.40	95.21%
中南美	707.93	16.39%	1264.98	8.98%
大洋洲	259.66	6.01%	651.44	4.62%
欧洲	1035.32	23.98%	4666.04	33.12%
英国	266.94	25.78%	1590.78	34.09%
荷兰	407.52	39.36%	779.02	16.70%
中东	31.07	0.72%	68.73	0.49%
非洲	28.70	0.66%	47.81	0.34%

从表 3-15 的投资行业来看，在 20 世纪 90 年代后，日本对制造业的海外投资比重有所提升，细分来看，对金融、保险业，商业，化学、医药等高附加值行业的投资比较多，而初级产品和轻纺等劳动密集型产业的投资较少。

表 3-15 日本对外直接投资行业分布   单位：万美元

行业	1951～1970 年	1971～1980 年	1981～1989 年	1990～1999 年	2000～2005 年	2006～2010 年	2011～2019 年
制造业	92 900	1 164 300	5 355 000	17 599 300	9 678 800	19 071 900	52 620 200
其中：食品	5 100	53 500	267 900	2 244 100	450 500	3 005 800	5 635 400
纺织、纤维	18 900	144 800	156 500	621 700	98 800	253 600	858 300
木材、造纸	21 200	54 600	189 600	367 600	127 100	500 000	1 003 700
化学、医药	5 000	257 600	602 200	2 147 100	1 699 100	3 847 600	12 062 300
钢铁、有色金属	13 800	248 100	664 200	1 269 700	583 200	1 609 200	3 773 600
机械	6 800	82 600	558 400	1 302 300	869 800	1 812 300	6 242 000
电气机器	7 300	150 600	1 309 600	5 356 500	2 226 200	2 565 000	7 258 500
运输机器	8 700	89 200	802 900	2 320 700	2 762 400	3 378 800	10 188 600
其他	6 100	83 300	803 700	1 969 500	861 700	2 099 600	5 597 800
非制造业	260 400	2 072 500	16 384 200	29 583 500	13 817 400	21 266 000	69 765 700
其中：农、林业	5 600	55 300	59 500	126 200	26 600	37 200	76 100
渔、水产业	2 600	27 400	37 800	79 900	24 300	25 000	193 500
矿业	80 400	626 700	813 900	1 215 600	687 700	3 306 300	8 674 900
建筑业	3 600	36 000	169 400	354 600	96 300	176 400	961 800

行业	1951~1970 年	1971~1980 年	1981~1989 年	1990~1999 年	2000~2005 年	2006~2010 年	2011~2019 年
商业	38 100	502 800	1 975 100	4 726 500	2 085 400	3 858 100	19 084 100
金融、保险业	31 800	210 800	5 484 500	8 200 000	6 048 500	11 334 900	21 366 600
服务业	4 900	134 400	2 198 100	6 178 400	1 059 700	—	—
运输业	—	—	1 526 900	2 244 500	2 986 000	1 193 500	2 171 400
不动产业	—	—	3 474 200	5 906 600	438 300	−11 100	4 001 100
其他	57 800	383 800	309 900	9 600	176 700	1 345 700	13 236 200
支店	35 600	95 300	334 900	541 600	187 900	—	—
合计	353 300	3 236 800	21 739 200	47 182 800	23 496 200	40 337 900	122 385 900

资料来源：阮菅诗. 二战后美日对外直接投资产业选择比较分析. 吉林大学硕士学位论文，2007

3.1.3 欧洲国家对外直接投资的发展历程——以荷兰为例

荷兰虽是欧洲小国，但在贸易和对外直接投资方面有着良好的表现，在 2012 年更是成为世界上最大的对外直接投资存量来源国（陈彦蓉，2020）。荷兰的对外直接投资可以分为以下几个阶段。

3.1.3.1 17 世纪的起步期

荷兰的对外直接投资起步于 17 世纪，此时的荷兰成立了第一家跨国公司——荷兰东印度公司，由此开启了属于荷兰的黄金时代，成为世界经济活动的主要参与者。

3.1.3.2 19 世纪到 20 世纪的发展期

荷兰对外直接投资历史悠久，且发展迅速，在世界对外直接投资活动中占据重要地位。据统计，19 世纪 90 年代初，荷兰的对外直接投资额超过法国和意大利位居世界第五名，在美国、日本、英国、德国之后，可以说这个小国是对外直接投资大国之一。此时的荷兰正处于从自由资本主义向垄断资本主义的过渡阶段，随着股份公司的陆续成立，企业兼并陆续发生，涌现了大批规模较大的跨国公司，这些跨国公司开始在世界各地投资，建立采掘、加工、销售和服务网点，不断推动荷兰的资本输出从金融债券向对外直接投资发展。例如，据联合国跨国公司中心统计，1970~1990 年，荷兰对外直接投资总额从 20.35 亿荷兰盾增长至 215 亿荷兰盾，增加了 9.6 倍；截止到 1990 年底，荷兰已经成立 1066 家跨国公司，并在世界各地拥有多达 6000 家的子公司或是分公司，累计雇用了 78.3 万名外籍工作人员，对外直接投资总额存量已达 1799 亿荷兰盾，占据 1989 年国民生产总值的 35.3%，可以说荷兰跨国公司的发展极大地推动了对外直接投资的发展（陈彦蓉，2020）。

3.1.3.3 21 世纪至今的转型期

进入 21 世纪，荷兰开始全面推行对外直接投资自由化。截止到 2009 年底，荷兰对外直接投资总额达到 3700 亿美元，超越美国的 3500 亿美元位居世界第一，在 2010 年，荷兰更是成为世界上对外直接投资最多的国家之一（IMF，2012）。在这其中，首先是荷兰的特殊金融机构起到举足轻重的作用，这也是这个国家的特殊所在。荷兰的特殊金融机构占据荷兰总体对外直接投资总额中的 70% 以上，如表 3-16 所示；其次，抛开特殊金融机构的作用，荷兰众多的大型跨国公司也在对外直接投资中发挥着重要作用，如联合利华公司、荷兰皇家飞利浦公司等总部就设在荷兰。

表 3-16 2004～2017 年荷兰对外直接投资

年份	对外直接投资（常规公司+特殊金融机构）	对外直接投资，荷兰常规公司（不含特殊金融机构）		对外直接投资，特殊金融机构	
	投资总额/亿欧元	投资总额/亿欧元	比重	投资总额/亿欧元	比重
2004	1549	464	30%	1085	70%
2005	1790	540	30%	1250	70%
2006	2145	610	28%	1535	72%
2007	2276	642	28%	1634	72%
2008	2491	646	26%	1845	74%
2009	2770	670	24%	2100	76%
2010	3009	725	24%	2284	76%
2011	3372	770	23%	2602	77%
2012	3576	766	21%	2810	79%
2013	3879	832	21%	3047	79%
2014	4102	860	21%	3242	79%
2015	4636	1233	27%	3403	73%
2016	4930	1320	27%	3610	73%
2017	5149	1488	29%	3661	71%

但是自 2008 年全球金融危机和 2009 年欧债危机爆发以来，荷兰金融类对外直接投资明显下降。但是与之相反，荷兰对非金融类投资方面的额度却呈现上升趋势。2011 年，荷兰对采矿、油气和化工领域的对外直接投资额达到 104 亿欧元，同比增长 16.7%；对食品的投资额为 38 亿欧元，同比增长 32%；对物流和运输的投资额达到 26 亿欧元，同比增长 3.2%；对五金和电力工程的对外直接投资额达到 28.6 亿欧元；其他领域的对外直接投资共达到 58.8 亿欧元，同比增长 6%，可以说，荷兰对金融类行业的投资和非金融类行业的投资呈相反的趋势，这与前面提及的金融危机与欧债危机的爆发有一定的关系（陈彦蓉，2020）。

在投资行业上，荷兰的对外直接投资主要集中在采矿、油气和化工，金融，运输和仓储，五金和电力工程，食品、饮料和烟草等五大领域。截止到 2011 年底，荷兰对上述行业的对外直接投资累计占荷兰对外直接投资总额的 85%，可以说是相当大的一个比例。

在投资地区上，荷兰的对外直接投资主要面向发达国家，包括美国和欧洲的一些国家，对亚洲等地区的投资额度较小，也比较稳定。

3.2 新兴国家对外直接投资实践的国际比较

20 世纪末 21 世纪初，处于经济转型中的一批新兴发展中国家的对外直接投资实现大幅度增长，其中以"金砖四国"（中国、印度、巴西和俄罗斯）表现尤为突出。作为世界上发展态势猛烈的新兴经济体，这些国家的对外直接投资也表现出一定的特点。

3.2.1 印度对外直接投资的发展历程

印度作为中国的临近国，与中国在一些方面有相似之处，如地域广阔、人口众多、同为发展中国家等。印度的对外直接投资起步比较早，在 20 世纪 50 年代末就有迹可循，但此时的印度由于受到国内政治、政策等影响，对外直接投资尚处于摸索阶段，发展速度比较缓慢，对外直接投资的规模不论是在数量上还是资金总额上都比较少。这种状态一直持续到 20 世纪 70 年代中期才得以改善。但是投资地区也是集中在马来西亚、尼泊尔等周边国家，行业也是放在纺织等轻工业上，发展速度虽有提高但上升幅度还是比较小（张国胜，2015）。

在 1974 年，印度政府为了鼓励企业对外直接投资，成立了海外投资合资企业委员会来促进印度出口。这一举措直接刺激了印度对外直接投资的发展。在 1976～1983 年这短短几年时间，印度的海外企业数量急剧增加，增长幅度达到

70%，投资地区也从周边的发展中国家逐渐过渡到欧美等发达国家，在投资行业选择上呈现多元化趋势，涉入机械制造、食品加工和咨询服务等行业。

到了1990年，印度实行经济改革，逐步放开市场，对外直接投资相应也有了较快的发展。因此，印度对外直接投资的发展历程参照1990年的改革可以划分为两个阶段，一是改革前，二是改革后。

3.2.1.1　1990年印度改革前

根据表3-17可以看到，在印度实施改革前，整体投资规模比较小，1980年为1.49亿美元，1985年为1.80亿美元，到了1990年为2.90亿美元，相对于其他新兴经济体，投资总额比较少，规模比较小。在投资行业上，印度以制造业为主要投资行业，如造纸、纺织、化工、制药等。印度对外直接投资偏重制造业，对制造业中的工程、钢铁及商用汽车，化工制药，纺织等产业给予比较高的重视，见表3-18。在投资地区上，此时印度主要选择发展中国家作为投资对象，其中尤以东南亚国家为主，几乎占据印度对外直接投资的一半，到了1980年8月，印度对亚洲、非洲等发展中国家的投资占比达到了93%（表3-19），是一个非常高的比例。其实不难理解，此时的印度作为一个刚成长起步的国家，缺少资金技术等资源和先进的管理经验，在这些方面远远不及发达国家，故而只能投资一些发展中国家（表3-20）。

表3-17　1980～1990年印度对外直接投资存量　　单位：亿美元

年份	存量
1980	1.49
1985	1.80
1990	2.90

表3-18　截止到1983年底印度海外投资企业行业分布

行业	印度投资额/亿卢比	占总投资的比重
制造业	9.94	81.4%
其中：工程、钢铁及商用汽车	2.51	20.6%
化工制药	2.31	18.9%
纺织	2.02	16.5%
纸、纸浆	1.43	11.7%
石油提炼	0.86	7.0%
水泥、皮革、橡胶制品	0.38	3.1%

续表

行业	印度投资额/亿卢比	占总投资的比重
玻璃及玻璃制品	0.35	2.9%
食品加工	0.08	0.7%
非制造业	2.27	18.6%
总计	12.21	100%

资料来源：张国胜. 中国对外直接投资战略与政策的研究. 北京：经济科学出版社，2015

表 3-19　1980 年印度对外直接投资的地区分布

地区	数量/个	金额/亿卢比	金额比重
东南亚	86	4.556	49.2%
南亚	16	0.888	9.6%
西亚	30	0.504	5.4%
非洲	42	2.671	28.8%
欧洲、北美、澳大利亚	30	0.646	7.0%
总计	204	9.265	100%

资料来源：张国胜. 中国对外直接投资战略与政策的研究. 北京：经济科学出版社，2015

表 3-20　印度对外直接投资地区分布　　　　单位：万美元

年份	发展中国家	发达国家
1961～1969 年	2 200（68.6%）	1 000（31.4%）
1970～1979 年	8 400（96.2%）	300（3.8%）
1980～1989 年	11 600（76.3%）	3 600（23.7%）

资料来源：祁婧. 金砖四国对外直接投资决定因素的比较研究. 复旦大学硕士学位论文，2014

3.2.1.2　1990 年印度改革之后

到了 1990 年，印度实施经济改革，这直接推动了印度企业对外投资的进程。印度对外直接投资额逐渐增加，规模不断变大，速度在加快。据统计，在 2001～2002 年，印度批准对外直接投资达到 905 项，协议金额达到 30.256 亿美元，实际投资额达到 9.749 亿美元（张国胜，2015）。

在投资行业上，此时的印度虽然仍以制造业为主要目标，但是对服务业投资的比重正在迅速增加，服务业当中，又以软件、互联网技术和通信等高技术行业为主体。另外，在此期间，印度对资源等行业的投资额也在增加，这不难理解，尽管印度本身资源丰富，但是作为一个新兴的发展中国家，对资源的需求量还是非常大，仍需要不断获取资源促进自身的发展。

在投资地区上，印度逐步将投资重心从发展中国家转向发达国家。在进行改革后，印度有将近 60%的投资放到发达国家。在 1990~1999 年，印度对发展中国家的投资占据 56.4%，对发达国家的投资占据 43.6%，到了 2000~2007 年，印度对发展中国家的投资比重下降至 36%，对发达国家的投资比重上升至 64%，已经将一半以上的投资集中在发达国家。到了 2008 年，此时印度的海外投资主要是欧美发达国家，对亚洲、非洲等地区的投资比重非常小，如表 3-21 所示。欧美等发达国家的知识和技术水平先进，通过海外投资，印度能够学习它们的先进知识、技术和管理经验等资本，说明此时印度的海外投资动机已经从资源获取型转变为技术寻求型，投资的服务业当中又以信息技术、软件等为主，更加验证这一猜想。

表 3-21 2008 年印度海外投资区域分布图

地区	比例
欧洲	62.7%
美国	27.6%
亚洲	3.3%
非洲	1.5%
拉丁美洲	0.5%
其他	4.5%

资料来源：祁婧. 金砖四国对外直接投资决定因素的比较研究. 复旦大学硕士学位论文，2014

注：表中数据进行过修约，可能存在合计数不等于 100%的情况

3.2.2 巴西对外直接投资的发展历程

作为南美洲最大的国家，巴西拥有丰富的自然资源和劳动力，以及雄厚的工业基础和完整的工业体系，是拉丁美洲地区经济发展水平最高的国家。巴西对外直接投资的起步时间虽然早于中国，但是规模一直比较小，直到 21 世纪对外直接投资才有了明显的增长。按时间划分，巴西对外直接投资大致可以分为以下几个具体阶段。

（1）1970~1993 年，这时巴西国内限制资本流动，且经济增长波动幅度较大，整体上速度较慢，使得巴西对外直接投资规模较小，每年不超过 5 亿美元。

（2）1994~1999 年，此时随着国内政治经济环境的自由化和私有化，巴西经济在逐渐发展，投资规模也有所增加，到了 1998 年达到了 20 亿美元以上。

（3）2000~2003 年，此时在全球经济下滑的大背景下，巴西对外直接投资受到一定的影响，投资规模不稳定，但总体来看还是高于 1994~1999 年的水平。

（4）2004～2008 年，此时全球经济在逐步恢复，巴西的对外直接投资也有较大幅度的增长，虽然波动幅度较大，但整体上规模上还是扩大了不少。

（5）2008 年金融危机爆发，巴西的对外直接投资势头依然强劲。

在投资行业上，根据表 3-22 可以看到，服务业在巴西的海外投资中占据非常大的比重。但是后来一个发展的新趋势是巴西逐渐加大对海外自然资源的投资，这些资源能源类的跨国企业逐渐在海外投资中占据主体地位（张国胜，2015），根据表 3-22 可以看到，加大对第一产业的投资，2009 年对第一产业的投资占比从 2008 年的 1.9%上升至 31.6%，上升幅度巨大。

在投资地区上，巴西对外直接投资的主要地区是欧洲和拉丁美洲。在 2010 年，巴西对欧洲的投资占海外总投资占比的 48.07%，居于首位。这主要是因为巴西与欧洲国家的政治、经济和文化关系密切，再者欧洲的经济发展水平较高，技术也比较发达，通过对欧洲进行投资，巴西可以学到很多先进的知识和技术。首先是对拉丁美洲的投资，占据了 43.65%，这主要是因为拉丁美洲与巴西在地理位置上比较接近，文化也比较相似，文化距离较小，投资成功率比较高且投资后整合方面的难度比较小；其次，拉丁美洲地区的资源比较丰富，企业间发展模式也比较相似，这是资源导向型的巴西企业进行投资的极好选择；最后，巴西在拉丁美洲地区属于经济的领头羊，具有较强的竞争优势，因此进入拉丁美洲地区能够凭借自身优势进一步扩大市场份额，提高竞争力。

3.2.3　俄罗斯对外直接投资的发展历程

俄罗斯是一个拥有丰富自然资源和能源的国家，在世界市场占据重要地位。俄罗斯的对外直接投资可以追溯到苏联时期，但是此时对外直接投资规模较小，发展速度也比较缓慢，俄罗斯对外直接投资真正实现快速增长是在苏联解体之后。通过实现系列的经济改革，俄罗斯的经济逐渐恢复，跨国公司也得到一定的发展，对外直接投资在逐渐增加。俄罗斯海外投资的规模整体较小且发展速度相对比较均衡稳定。据统计，2005 年，俄罗斯对外直接投资为 120 亿美元，2006 年为 235 亿美元，2007 年达到 478 亿美元，虽然逐年对比有所增加，但是相对于其他国家，俄罗斯的投资额整体上是比较小的（张国胜，2015）。

在投资行业上，俄罗斯的对外直接投资行业分布呈现出与国内经济产业结构相似的一面，主要集中在对燃料、石油、矿业和冶金等行业的投资上，这是因为俄罗斯本身具有丰富的矿业、石油等自然资源。相比于其他新兴国家，俄罗斯海外投资产业结构比较单一，都是集中在制造业，尤其是对资源、能源等原材料的初级产品的生产和加工上。截止到 2006 年底，俄罗斯的海外投资中有 50%投到了石油、天然气领域，有 25%投到了采矿和冶金行业，在 2007～2008 年，燃料、能

表3-22　2001～2010年巴西对外直接投资存量在行业的分布

单位：万美元

行业	2001年	2002年	2003年	2004年	2005年	2006年	2007年	2008年	2009年	2010年
所有部门/行业	5 000 000	5 400 000	5 500 000	6 900 000	7 900 000	11 400 000	14 000 000	15 600 000	16 500 000	18 100 000
第一产业	196 200	14 800	31 900	132 800	413 300	279 300	320 200	305 500	5 215 400	5 653 600
第一产业占比	3.9%	0.3%	0.6%	1.9%	5.2%	2.5%	2.3%	1.9%	31.6%	31.2%
其中：农业、林业和渔业	13 100	4 600	7 300	31 300	7 800	8 700	17 200	18 000	15 600	14 500
矿业和采石	400	400	2 200	29 100	66 400	100	37 300	28 700	4 985 200	4 962 100
石油和汽油	182 700	9 800	22 400	72 300	339 000	270 500	265 800	258 800	214 500	676 900
第二产业	403 100	418 800	234 100	234 000	289 900	497 700	1 179 900	1 514 400	1 203 800	1 694 500
第二产业占比	8.1%	7.8%	4.3%	3.4%	3.7%	4.4%	8.4%	9.7%	7.3%	9.4%
其中：食品、饮料和烟草	35 800	18 100	28 300	29 400	64 400	57 100	108 500	159 700	417 600	594 900
化学炼油	76 500	30 300	28 900	6 500	7 500	6 000	10 800	7 100	11 200	16 700
非金属产品	51 600	33 600	2 800	2 300	2 700	2 800	197 400	238 200	218 700	412 300
建筑	144 300	187 200	85 400	69 400	68 600	127 000	124 400	99 000	104 300	95 500
纺织品	4 200	3 000	4 500	4 900	6 300	51 200	49 200	38 200	31 200	43 500
冶金术	700	800	800	1 000	900	22 100	133 200	145 700	237 000	363 800
橡胶与塑料	6 100	68 200	17 500	23 700	28 500	91 500	35 000	82 600	54 700	49 300
其他制造业	83 900	77 600	66 000	96 700	110 900	140 000	521 300	743 600	128 700	118 400
服务业	4 400 700	4 966 300	5 234 000	6 533 200	7 196 900	10 623 000	12 499 800	13 780 000	10 080 700	10 751 300
服务业占比	88%	92%	95.2%	94.7%	91.1%	93.2%	89.2%	88.3%	61.1%	59.3%
其中：贸易（零售与批发）	209 700	229 600	234 400	299 100	354 700	328 900	532 000	346 100	227 100	326 400
金融与保险	2 434 700	2 936 200	2 746 300	3 581 200	3 882 900	4 320 100	8 049 100	7 840 300	6 431 000	6 937 000
给公司提供的服务	1 691 900	1 743 200	2 195 700	2 561 600	2 859 800	5 912 600	2 768 400	3 701 600	1 991 300	1 896 600
其他服务业	64 400	57 300	57 600	91 300	99 400	61 400	1 150 000	1 891 900	1 431 200	1 591 300

资料来源：祁婧. 金砖四国对外直接投资决定因素的比较研究. 复旦大学硕士学位论文，2014

源和冶金行业成为俄罗斯对外直接投资的重点关注对象，到了 2009 年，俄罗斯在境外资产最多的公司都集中在资源能源型公司，这都说明俄罗斯的海外投资行业都比较集中且单一。

在投资地区上，根据表 3-23 可以看到俄罗斯的对外直接投资主要集中在发达国家，其次是独立国家联合体，其中对塞浦路斯的投资所占比重最大，这主要是因为塞浦路斯金融管制比较宽松，还有优惠的税收政策，据统计塞浦路斯银行账户中有 14%是属于俄罗斯的（祁婧，2014）。但是后来出现的一个趋势是俄罗斯对非洲地区的投资在增加，但主要也是集中在资源开发上。同时，俄罗斯对独立国家联合体的投资比重也在呈下降的趋势，波动幅度比较大，之所以这样，可能的原因是这些独立国家联合体的政治、经济和法律制度并不健全，投资面临极大的风险。

表 3-23　2008 年俄罗斯对外直接投资情况

国家	当年投资额/亿美元	累计投资额/亿美元	所占比重
塞浦路斯	99.94	156.79	29.2%
荷兰	97.87	112.19	20.9%
英属维尔京群岛	14.53	64.05	11.9%
美国	46.69	54.54	10.1%
德国	5.13	28.24	5.2%
瑞士	11.89	27.77	5.2%
白俄罗斯	13.23	15.05	2.8%
乌克兰	1.23	10.98	2.0%
英国	7.30	8.73	1.6%
亚美尼亚	6.76	6.77	1.3%

3.3　国有控股公司跨国经营特征分析

第二次世界大战后，社会主义国家以公有制为基础，建立了以国有经济为主体的经济体系，资本主义国家在自由经济主义的主导下开始去国家化的改革，尤其是在 19 世纪 80 年代末苏联解体和东欧剧变之后。在一些西方发达的资本主义国家，这些国有企业占据很少的份额，发挥的作用也微乎其微，全球国有经济总体上呈现衰势。但是随着全球私有化浪潮逐渐褪去，国有企业的影响力逐渐上升，特别是在新兴国家，这些国有企业正在回温，尤其是在"金砖四国"中（中国、印度、俄罗斯、巴西）。从全球范围内看，这些国有企业大多活跃在公共事业和基础设施行业，在经济建设与发展中发挥着重要的作用（常玉春，2014）。除此之外，这些国有股企业在跨国经营中也有着良好的表现。在新兴国家中，中国"走出去"战略备受瞩目，中国企业在"走出去"中的表现引起广泛热议，其中国有企业更是被寄予厚望。国有企业的跨国经营有以下几个特征。

（1）大部分国有企业都活跃在关乎国家安全和国计民生的基础行业与公共事业等战略部门。据调查，在2001年世界50强跨国公司中的8家国有企业中，属于水电气供应的有4家，余下分布在石油、电信、邮政和汽车行业。在2007年，世界50强中的12家国有企业中，属于水电气供应的有4家，机动车辆生产的有3家，电信行业的有2家，余下分布在航空航天、石油和邮政行业。足以见得，大部分国有企业是集中在涉及国家安全和国计民生、公共事业与服务等基础行业和战略部门，这是国有资本主要投资的领域（常玉春，2014）。

（2）国有企业主要采用跨国并购的方式进行对外投资。一般来说，企业进行对外直接投资的方式可以分为绿地投资和跨国并购两种，其中国有企业采用跨国并购方式进行对外直接投资数量在增加。根据联合国贸易和发展会议《世界投资报告》，在2008年全球范围内金额在30亿美元以上的跨国并购交易共发生73笔，其中，国有企业发起的交易共计19笔，金额达到1218亿美元，占据交易总额的23%。

（3）国有企业的经营效率普遍低于非国有企业。相对于非国有企业，国有企业的经营效益较低，资源配置效率也不高，因此国有企业尚需进一步提升经营管理水平和企业的经营效益，这在一定程度上与其所处的行业有关。国有企业一般出现在基础设施和公共事业行业，这些都是涉及国家安全和国计民生的行业，产出效益比较低，私人企业相对来说不愿意投资到这些领域，故而从世界范围内看，非国有企业的盈利水平是显著高于国有企业的。

（4）发展中国家的国有企业"走出去"的步伐还是相对比较迟缓。虽然在发展中国家国有企业的经营规模正在迅速扩张，但是总体来看，与发达国家的国有企业在国际化程度和跨国经营水平上仍然存在一定差距。但是这一情况正在逐渐改善。据调查，在2012年全球外商直接投资中，国有企业和主权财富基金的国际化实现了快速增长，国有跨国公司对外直接投资达到1450亿美元，接近全球对外直接投资的11%（常玉春，2014），这也反映发展中国家正在加快"走出去"的步伐。

（5）政府的政策与支持是推动国有企业"走出去"的重要力量。在国有企业"走出去"的进程中，国家其实在背后起到战略指导作用，可以说是幕后的操盘者。例如，在法国国有企业进行国外并购时，法国政府经常出面，动用国家力量支持企业并购或者防止本国企业被收购。在中国，我国政府也陆续出台相关政策大力鼓励支持企业"走出去"，这些都说明政府在促进企业跨国经营中起着重要的作用。

4 中国企业对外直接投资的发展沿革与现状分析

4.1 中国企业对外直接投资发展沿革

自中华人民共和国成立到改革开放前，中国国内的产业和工业体系还处于初步建立阶段，所以企业层面还尚未出现"走出去"，对外直接投资基本处于空白，以国家层面的对外援助为"走出去"的主要形式，这虽然不是企业真正意义上的"走出去"，但逐步完善的产业工业体系为后来的"走出去"奠定了扎实的基础。从改革开放到提出"走出去"战略期间，我国对外直接投资的发展大致可以分为以下两个阶段。

4.1.1 第一阶段（1979～1992 年）：起步发展阶段

1979 年 8 月，国务院提出"出国办企业"，第一次把发展对外投资作为国家政策，由此开始了尝试性的对外直接投资。20 世纪 80 年代初期，我国对外投资还处于尝试探索阶段，所以参与对外直接投资的企业数量较少，规模较小，类型单一，投资的主体主要是一些国有金融机构和大型对外工程公司，如中国银行、中国国际信托投资公司、中国建筑工程总公司、中冶建工集团有限公司等，通过建立海外分支机构和代表处来实现政府拓展对外经贸活动的目的，合作的地区也以伊拉克、科威特、墨西哥等发展中国家为主，发达国家相比较少。投资的行业主要分布在土木建筑、金融保险以及资源开发等，机械加工制造业较少。

而在中后期，由于外贸体制的改革，国家和省市下属的外贸公司进行了分散化和全球化的经营，所以投资主体转变为大型外贸公司，如中国中化集团有限公司、中国五矿集团有限公司等，投资的方式也是建立海外分支机构和代表处。这个阶段我国对外投资在巩固老市场的基础上，又开拓了美国、泰国、澳大利亚、新加坡、加拿大等发达国家新市场，劳务合作开始向东欧发展。合作的行业主要由原来的餐饮、贸易、境外工程承包到服务业、工农业生产加工、资源开发、交通运输、机械制造加工等 20 多个领域。

4.1.2 第二阶段（1992～2003 年）：调整发展阶段

1992 年，我国确立了社会主义市场经济体制，以中国石油天然气集团有限公司、中国海洋石油集团有限公司为代表的大中型国有企业，引领一大批自身具有竞争力的优秀企业开始加入"走出去"的浪潮，中国对外直接投资的规模开始迅速增长，除了建立子公司和分公司外，跨国并购也成为"走出去"的新形势；同年，对外承包工程便完成了高达 28 亿美元的营业额。但紧接着 1993 年出现了经济发展过热、投资结构不合理等现象，政府为了实现经济软着陆，切实防范金融风险，开始调整投资结构、放缓海外投资，进行制度改革，完善相关的法律法规，并于 1996 年颁布实施了《中华人民共和国外汇管理条例》。为了进一步鼓励企业"走出去"，发挥我国比较优势的对外投资，扩大国际经济技术合作领域、途径和方式，2000 年 3 月，江泽民在参加九届全国人大三次会议上海代表团的全体会议时，对实施"走出去"战略的功能和意义又有新的阐述。他说，必须不失时机地实施"走出去"的战略。这是我们在参与国际竞争中掌握主动权、打好"主动仗"的必由之路。这样做，有利于在更广阔的空间里进行经济结构调整和资源优化配置，从而不断增强我国经济发展的动力和后劲，促进我国经济的长远发展[①]。同时，在 2002 年以来，商务部与国家外汇管理局密切配合，共同采取了减少审批程序、简化手续、下放权限等措施改革境外投资审批工作，对促进沿海私营企业的对外投资发挥了积极的作用。

总之这一阶段，中国对外直接投资发展势头迅猛，并及时调整发展过程中的问题，形势良好，境外投资扩张到了世界 160 多个国家或地区，投资的重点逐步从中国香港、中国澳门及北美等地区开始向亚太、欧洲等地区转移，投资的行业也进一步拓展为承包劳务、旅游餐饮、商务服务业以及咨询等，发展多元化。

4.2 中国企业对外直接投资现状

中国对外直接投资发展速度在近些年来逐渐趋缓，见表 4-1。2019 年，世界经济增速降至国际金融危机以来最低水平，全球货物贸易增速显著放缓，对外直接投资流出流量连续 3 年下降后同比增长 33.2%。据商务部统计，2019 年中国的对外直接投资流量为 1369.1 亿美元，同比下降 4.3%，蝉联全球第二位，占全球份额的 10.4%（图 4-1）。

---

① 江泽民"走出去"战略的形成及其重要意义，https://www.dswxyjy.org.cn/n1/2019/0228/c425426-30909751.html[2022-08-28]。

表 4-1　中国建立《对外直接投资统计制度》以来各年份的统计结果

年份	流量			存量	
	金额/亿美元	全球位次	同比	金额/亿美元	全球位次
2002	27.0	26	—	299.0	25
2003	28.5	21	5.6%	332.0	25
2004	55.0	20	93.0%	448.0	27
2005	122.6	17	122.9%	572.0	24
2006	211.6	13	43.8%	906.3	23
2007	265.1	17	25.3%	1 179.1	22
2008	559.1	12	110.9%	1 839.7	18
2009	565.3	5	1.1%	2 457.5	16
2010	688.1	5	21.7%	3 172.1	17
2011	746.5	5	8.5%	4 247.8	13
2012	878.0	3	17.6%	5 319.4	13
2013	1 078.4	3	22.8%	6 604.8	11
2014	1 231.2	3	14.2%	8 826.4	8
2015	1 456.7	2	18.3%	10 978.6	8
2016	1 961.5	2	34.7%	13 573.9	6
2017	1 582.9	3	−19.3%	18 090.4	2
2018	1 430.4	2	−9.6%	19 822.7	3
2019	1 369.1	2	−4.3%	21 988.8	3

资料来源：《2019 年度中国对外直接投资统计公报》

注：2002～2005 年数据为中国对外非金融类直接投资数据，2006～2019 年数据为对外全行业直接投资数据；2006 年同比为对外非金融类直接投资比例

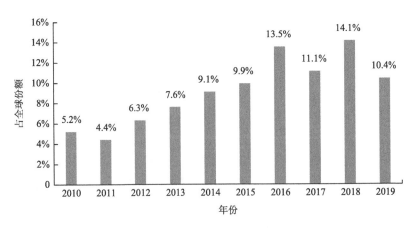

图 4-1　2010～2019 年中国对外直接投资流量占全球份额情况

资料来源：《2019 年度中国对外直接投资统计公报》

近几年来，中国对外并购稳步发展，见表4-2。其中，2019年企业共实施对外投资并购项目467起（较上年增加34起），涉及68个国家或地区（较上年增加5个），实际交易总额342.8亿美元，同比下降53.8%。其中，直接投资172.2亿美元，占并购总额的50.2%，占当年中国对外直接投资总额的12.6%；境外融资170.6亿美元，占并购金额的49.8%。

表4-2　2004～2019年中国对外直接投资并购情况

年份	并购金额/亿美元	同比	比重
2004	30.0	—	54.4%
2005	65.0	116.7%	53.0%
2006	82.5	26.9%	39.0%
2007	63.0	−23.6%	23.8%
2008	302.0	379.6%	54.0%
2009	192.0	−36.4%	34.0%
2010	297.0	54.7%	43.2%
2011	272.0	−8.4%	36.4%
2012	434.0	59.6%	31.4%
2013	529.0	21.9%	31.3%
2014	569.0	7.6%	26.4%
2015	544.4	−4.3%	25.6%
2016	1353.3	148.6%	44.1%
2017	1196.2	−11.6%	21.1%
2018	742.3	−37.9%	21.7%
2019	342.8	−53.8%	12.6%

资料来源：《2019年度中国对外直接投资统计公报》

4.2.1 对外直接投资区域与国别分布

2019年，中国企业对外投资并购涉及制造业、信息传输/软件和信息技术服务业、电力/热力/燃气及水的生产和供应业等18个行业大类。从并购金额上看，制造业142.7亿美元，居首位，涉及179起项目；信息传输/软件和信息技术服务业72.5亿美元，居次位，涉及49起项目；电力/热力/燃气及水的生产和供应业45.4亿美元，居第三位，涉及31起项目，见表4-3。

表 4-3 2019 年中国对外投资并购行业构成

行业类别	数量/起	金额/亿美元	金额占比
制造业	179	142.7	41.6%
信息传输/软件和信息技术服务业	49	72.5	21.2%
电力/热力/燃气及水的生产和供应业	31	45.4	13.3%
金融业	8	18.0	5.3%
租赁和商务服务业	33	14.3	4.2%
科学研究和技术服务业	47	12.4	3.6%
农/林/牧/渔业	18	11.0	3.2%
采矿业	17	10.0	2.9%
批发和零售业	48	8.7	2.5%
交通运输/仓储和邮政业	11	2.8	0.8%
文化/体育和娱乐业	7	1.6	0.5%
房地产业	2	1.5	0.4%
住宿和餐饮业	1	0.8	0.2%
教育	5	0.6	0.2%
其他行业	11	0.5	0.1%
总计	467	342.8	100.0%

资料来源：《2019 年度中国对外直接投资统计公报》

2019 年，中国企业对外投资并购分布在全球 68 个国家（地区），从并购金额看，芬兰、德国、英属维尔京群岛、法国和巴西位居前 5 名，见图 4-2。

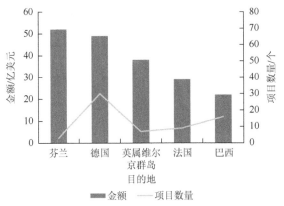

图 4-2 2019 年中国企业对外投资并购五大目的地

资料来源：《2019 年度中国对外直接投资统计公报》

2019 年，中国企业对"一带一路"沿线国家实施并购项目 91 起，并购金额 29.4 亿美元，占并购总额的 8.6%。其中，新加坡、科威特、马来西亚吸引中国企业并购投资超 5 亿美元。

2019 年，流向亚洲的投资 1108.4 亿美元，同比增长 5.1%，占当年对外直接投资流量的 80.9%。流向欧洲的投资 105.2 亿美元，同比增长 59.6%，占当年对外直接投资流量的 7.7%，较上年提升 3.1 个百分点，见表 4-4。

表 4-4 中国对外直接投资区位选择

洲别	金额/亿美元	同比	比重
亚洲	1108.4	5.1%	80.9%
欧洲	105.2	59.6%	7.7%
拉丁美洲	63.9	−56.3%	4.7%
北美洲	43.7	−49.9%	3.2%
非洲	27.1	−49.9%	2.0%
大洋洲	20.8	−6.3%	1.5%
合计	1369.1	−4.3%	100.0%

资料来源：《2019 年度中国对外直接投资统计公报》

2019 年末，中国境内投资者在"一带一路"沿线国家设立境外企业近 1.1 万家，涉及国民经济 18 个行业大类，当年实现直接投资 186.9 亿美元，同比增长 4.5%，占同期中国对外直接投资流量的 13.7%。从行业构成看，流向制造业的投资 67.9 亿美元，同比增长 15.5%，占 36.3%；批发和零售业 25.1 亿美元，占 13.4%；建筑业 22.4 亿美元，占 12.0%；金融业 15.9 亿美元，占 8.5%；科学研究和技术服务业 13.5 亿美元，占 7.2%；电力/热力/燃力及水的生产和供应业 13.4 亿美元，占 7.2%。从国别构成看，主要流向新加坡、印度尼西亚、越南、泰国、阿拉伯联合酋长国、老挝、马来西亚、哈萨克斯坦、柬埔寨等国家。2013～2019 年，中国对沿线国家累计直接投资 1173.1 亿美元，见图 4-3。

4.2.2 对外直接投资行业分布

2019 年，中国对外直接投资涵盖了国民经济的 18 个行业大类，如表 4-5 所示。其中，流向租赁与商务服务业、制造业、金融业、批发和零售业的投资均超过百亿美元。租赁和商务服务业保持第一位，制造业位列第二位。

表 4-5 2019 年中国对外直接投资流量行业分布情况

行业	流量/亿美元	同比	比重
租赁与商务服务业	418.8	−17.6%	30.6%
制造业	202.4	6.0%	14.8%
金融业	199.5	−8.1%	14.6%

续表

行业	流量/亿美元	同比	比重
批发和零售业	194.7	59.1%	14.2%
信息传输/软件和信息技术服务业	54.8	−2.7%	4.0%
采矿业	51.3	10.8%	3.7%
交通运输/仓储和邮政业	38.8	−24.8%	2.8%
电力/热力/燃气及水的生产和供应业	38.7	17.7%	2.8%
建筑业	37.8	4.5%	2.8%
科学研究和技术服务业	34.3	−9.7%	2.5%
房地产业	34.2	11.5%	2.5%
农/林/牧/渔业	24.4	−4.8%	1.8%
居民服务/修理和其他服务业	16.7	−27.8%	1.2%
教育	6.5	13.2%	0.5%
住宿和餐饮业	6.0	−55.4%	0.4%
文化/体育和娱乐业	5.2	−55.1%	0.4%
水利、环境和公共设施管理业	2.7	51.1%	0.2%
卫生和社会工作	2.3	−56.7%	0.2%
合计	1369.1	−4.3%	100.0%

资料来源:《2019 年度中国对外直接投资统计公报》

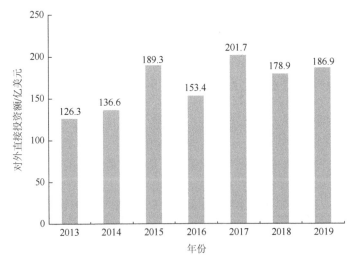

图 4-3　2013～2019 年中国对"一带一路"沿线国家投资流量

资料来源:《2019 年度中国对外直接投资统计公报》

流向租赁和商务服务业的投资 418.8 亿美元，同比下降 17.6%，占当年流量总额的 30.6%。投资主要分布在英属维尔京群岛、新加坡、英国、澳大利亚等国家（地区）。

制造业的投资 202.4 亿美元，同比增长 6.0%，占 14.8%。投资主要流向汽车制造、化学纤维制造、有色金属冶炼和压延加工、医药制造、化学原料和化学制品、橡胶和塑料制品、铁路/船舶/航空航天和其他运输设备制造、电气机械和器材制造、专用设备制造、通用设备制造、黑色金属冶炼和压延加工、非金属矿物制品、造纸和纸制品业等。其中，流向装备制造业的投资 62.7 亿美元，同比下降 45%，占制造业投资的 31.0%。

金融业的投资 199.5 亿美元，同比下降 8.1%，占 14.6%。2019 年，中国金融业境内投资者对境外金融类企业的直接投资 186 亿美元，占 93.2%；中国非金融业境内投资者投向境外金融企业的投资 13.5 亿美元，占 6.8%。

批发和零售业的投资 194.7 亿美元，同比增长 59.1%，占 14.2%。投资主要流向新加坡、英属维尔京群岛、美国、日本、英国、德国等。

上述四个领域合计投资 1015.4 亿美元，占流量总额的 74.2%。

4.2.3　对外直接投资主体

2019 年，中央企业和单位对外非金融类直接投资流量 272.1 亿美元，同比增长 18%；地方企业 897.4 亿美元，同比下降 8.7%。

2019 年末，在对外非金融类直接投资 19 443.5 亿美元存量中，国有企业占 50.1%，较上年增加 2.1 个百分点；非国有企业占 49.9%，按照投资者注册类型划分，主要包括有限责任公司（15.3%）、股份有限公司（9.1%）、私营企业（7.6%）和个体经营（6.9%）。

图 4-4 是对 2006～2019 年中国国有企业和非国有企业存量占比情况的一个统计，可以看到，在对外直接投资存量上，非国有企业正在占据重要地位，逐渐和国有企业持平。

4.2.4　绿地投资和跨国并购

绿地投资和跨国并购是企业进行对外投资的两种方式。

母公司在东道国建立新的企业，通过这种方式来投资，这就叫作绿地投资，该方式一般情况下又被称为新建投资。绿地投资包括两种类型，一种是合资绿地投资，另外一种是独资绿地投资。

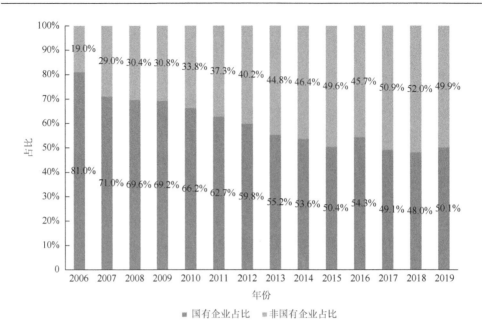

图 4-4 2006～2019 年中国国有企业和非国有企业存量占比情况

资料来源：《2019 年度中国对外直接投资统计公报》

跨国并购的具体含义指的是并购主体企业把被并购企业的一部分股权买下，通过这种方式对被并购企业进行控制。跨国并购的具体方式有两种类型，其中之一是跨国收购，其具体含义指的是国外企业收购一家或者一家以上的当地企业，也有可能是收购了外国子公司的资产或者股票，通过这种方式来得到控股地位。另外一种是跨国兼并，其具体含义指的是在现存或新设企业中引入目标企业的业务。

结合中国国际贸易促进委员会 2018 年《中国企业对外投资现状及意向调查报告》的内容来看，绝大部分企业的选择情况，就海外投资模式而言，企业更加青睐于并购投资，也可能会选择建设代表处，见图 4-5。

除此以外，国有企业和非国有企业的选择也是各不相同的。前者往往更青睐于选择合资绿地投资或者全资并购，而对于后者来说，往往青睐于全资绿地投资、建设代表处以及部分并购。

4.2.4.1 绿地投资

第一，对跨国公司来说，选择绿地投资模式，它们的自主性更强。使用该模式进入东道国之后，跨国公司的自主权往往更多，它们可以结合自身的情况来选择最合理的战略以及规模。除此之外，就项目规划的实施来说，企业具有主动权，所以可以防止一些风险的产生。

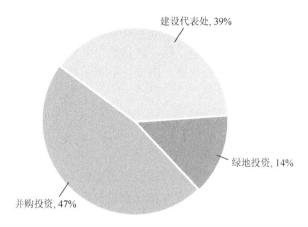

图 4-5　海外投资模式

资料来源：2018 年中国国际贸易促进委员会《中国企业对外投资现状及意向调查报告》

第二，采取该模式，企业一般情况下不会受到更多的东道国的政策约束，而且还能够获得很多优惠政策。采取该模式，说明企业在东道国构建了新的企业。从东道国角度来看，这给它们的国家带来了更多的工作机会，有利于推动当地的经济。与之进行对比发现，通常情况下，跨国并购无法产生大量的就业机会。所以，如果企业使用该模式，那么，往往可以得到东道国的支持和保障，获得很多优惠政策。除此之外，结合我国 2002 年的吸收情况来看，其中中外合资以及外商独资所占的比重分别达到了 30.4% 和 64.9%，绿地投资地位非常显著（范淑玉和刘辉群，2003）。在同一阶段，在整个国际范围内，投资中占据主导地位的是并购投资。在 2000 年，全球跨国并购在投资总额中所占的比例达到了 80.1%，共计 11 000 亿美元。在 2002 年之后，大量的跨国公司进入我国，其中有很大一部分属于并购方式。

第三，在投资的过程中，如果企业使用设立独资企业这样的模式。那么，对企业来说是非常有利的，能够保护它们的技术，而且还能够减少政府的控制。企业自身的自主权相对更多，同时还具有决策经营权。

该模式也具有很多缺陷。第一，周期往往比较长，无法尽快获利，导致企业进入东道国市场具有一定的难度。如果使用该模式，企业需要在东道国构建新企业，而这也需要大量的投资，需要浪费很多人力和物力以及时间，而且灵活性比较差，总体风险相对来说较高。再加上周期比较长的影响，在进入东道国市场以后，企业往往会错失很多重要机会。

第二，和跨国并购进行对比，使用该模式不能继续使用之前的销售渠道，同时也无法继续使用以前的人力资源、市场份额等相关重要因素。跨国企业需要花费更多的时间和资金来进行市场的拓展，风险比较高。

第三，假如跨国公司使用的模式是建立合资企业，那么，企业自身的知识产权可能会受到影响，同时也不利于管理。就合资企业来说，双方都进行了投资，无论是经营还是成果都需要双方共享，所以，不利于跨国公司进行垄断，也不利于一些核心技术或者专利的保密。

4.2.4.2 跨国并购

跨国并购有一定的优势。第一，对跨国公司来说，通过该模式进入东道国市场速度更快，可以尽快步入新的领域。和绿地投资模式进行对比，跨国并购不需要在东道国建设新的企业，所以，公司可以使用现有的资源和要素。紧抓市场的每一次机遇，尽可能地在最短的时间内扩大规模，提高市场占有率，并且促进战略的实施。如果企业进入新的领域，那么在初级阶段，往往表现出很高的不确定性。首先，无法将自身所固有的优势尽快转移到新的行业中。其次，市场竞争压力比较大。而且该方式不需要在东道国建立新的企业，很容易造成价格战的出现。

第二，采用跨国并购的方式，投资主体企业能够利用被并购方现有资源，比如，目标公司自身所拥有的一些资源，如知识产权、销售网络以及物流等。通过运用这些资源，企业可以在一定程度上防止运营风险的产生。以吉利收购沃尔沃为例。沃尔沃自身的品牌价值相对更高，而且技术专利更加丰富多样，该企业之所以会被吉利收购，一个非常重要的原因在于收购协议中的承诺。例如，保留现有工会合同；保留管理团队独立性；保留现有经销商体系和网络等（陆静，2011）。

第三，如果企业实施跨国并购模式，那么可以充分使用经验曲线效应。该曲线主要用来反映以下两个要素之间的联系，其中一个是生产单位时间，另外一个是连续生产单位。在连续不断地生产的情况下，对企业而言，生产某个单位产品的成本也会不断地减少。

第四，对外直接投资一般情况下都必须进行融资，把跨国并购模式和绿地投资模式进行对比，可以发现跨国并购模式投资主体企业的融资更为便利。并购主体企业能够利用目标企业来融资或采用股权互换的方式规避现金压力，这样能够降低资金风险。

跨国并购也有一些缺点。第一，企业采用跨国并购进行投资容易出现估值问题。企业选择进行跨国并购需要考虑目标企业的真实市场价值，但是考虑到各国实行的会计准则并不一致，而且跨国收购的信息不对称较强，并购主体企业对被并购方企业的估值很可能出现偏差，从而导致并购的失败。除此以外，和绿地投资进行对比，对于收购企业来说，它们不可能全方位地了解被收购企业，也就是说，被收购企业和收购企业之间存在信息不对称情况，而这种情况不可能确保决策可以给并购企业产生收益。

第二，在并购中，垄断很可能会出现，再加上恶意并购，影响跨国并购的因素和限制条件相对更多。比如，在 2005 年，中国海洋石油集团有限公司想要收购美国优尼科公司。然而，因为考虑到政治因素，同时也因为战略因素，美国联邦贸易委员会提出，针对中国海洋石油集团有限公司的收购计划，实施国家安全审查程序，这一行为导致中国海洋石油集团有限公司不能再和美国雪佛龙股份有限公司进行竞争。

第三，和绿地投资进行对比之后发现，跨国并购选择灵活性相对比较差，企业只能够从现存企业中选择符合自身并购需求的，具有很强的限制性。企业在投资的过程中，只有从当前的企业中来进行筛选。除此之外，如果目标企业非常适合东道国，在这样的情况下，如果出现收购，那么往往是出现了经营或者发展上的问题，大部分企业不愿意被收购。所以，影响跨国并购的因素不仅仅包括区位因素，同时也涉及企业自身的意愿。

4.3 中国企业对外直接投资的政策环境

4.3.1 "一带一路"倡议的政策

《2017 年度中国对外直接投资统计公报》统计数据指出，在"一带一路"沿线的所有国家中，国内的投资者在 2017 年对大约有 3000 家企业进行了投资，涉及的行业一共有 17 个，投资总额达到了 201.7 亿美元，在对外直接投资总额中，这一部分所占的比重高达 12.5%。投资的主要国家包括哈萨克斯坦、阿拉伯联合酋长国、老挝、俄罗斯、马来西亚等。结合近年的投资情况来看，我国对这些沿线国家的投资总额达到了 807.3 亿美元。2017 年底，在"一带一路"沿线国家中，我国的直接投资存量达到了 1543.98 亿美元，这一额度在我国的对外直接投资额度中所占的比重达到 8.5%。

为了进一步推动我国企业的对外直接投资，促进"一带一路"的建设，我国也实施了各种各样的政策，通过这些政策来精简对外投资流程，同时还建立了各种各样的机构，如私募基金等，为对外投资提供支持。

习近平在 2013 年 10 月和印度尼西亚总统进行会谈。在此次会谈中，构建亚洲基础设施投资银行的策略正式被提出来[①]。2014 年 6 月，《亚洲基础设施投资银行协定》签署仪式在北京举行。2014 年 10 月，亚洲基础设施投资银行正式成立。2015 年 4 月，该机构的参与国总数达到了 57 个，其中域内国家、域外国家总数

---

① 习近平十谈亚投行：从提议到开业，全记录!，http://cn.chinadaily.com.cn/2016zglz/2016-01/18/content_25167167. htm[2022-05-05]。

分别为 37 个和 20 个。建设亚洲基础设施投资银行的主要目的是给亚洲国家提供资金,通过这部分资金,帮助这些国家进行基础设施建设,从而推动区域合作,促进国家经济发展。丝路基金有限责任公司于 2014 年 12 月正式成立,是由多个机构共同建设的,包括外汇储备、国家开发银行、中国进出口银行和中国投资有限责任公司,该机构的首期资本金达到了 100 亿美元,总体资金规模共计 400 亿美元。建设该机构的主要目的就是为"一带一路"沿线国家的合作提供重要的资金支撑,进一步推动双边互联互通,促进这些国家之间的合作与交流。

4.3.2　投资促进政策

为了简化对外投资业务流程,促进对外投资业务发展,2014 年 4 月 8 日,中华人民共和国国家发展和改革委员会令第 9 号公布《境外投资项目核准和备案管理办法》。该办法第五条提出,国家根据不同情况对境外投资项目分别实行核准和备案管理;该办法第六条提出,国家发展和改革委员会会同有关部门加强对企业境外投资的宏观指导、投向引导和综合服务,并通过多双边投资合作和对话机制,为投资主体实施境外投资项目积极创造有利的外部环境。

在 2014 年 9 月,我国商务部颁布了《境外投资管理办法》(商务部令 2014 年第 3 号)[①]。不仅如此,商务部还和其他相关部门共同颁发的其他有关文件,如《境外中资企业(机构)员工管理指引》《境外中资企业商(协)会建设指引》《中国境外企业文化建设若干意见》等。之所以要颁布这些文件,其目的就是进一步促进境外企业经营的合法性和规范性,保障这些企业能够继续履行责任,促进双方的共赢。就新的管理政策来说,可以帮助企业明确投资中的地位,把市场的活力充分发挥出来。除此之外,在新的理念下,政府的核准范围有所缩减,这对于企业来说,如果要进行对外投资,备案手续办理更加简洁。

4.3.3　国有企业投资促进政策

4.3.3.1　通过政府间投资合作协议保障国有企业投资的顺利实施

随着不断的发展和进步,"一带一路"倡议的深入程度越来越高,我国政府也高度重视与其他国家的合作与联系,例如,中国-东盟区域经济一体化,中国与非洲合作的不断深化,与其高层的互动体系日趋健全,这对我国未来的发展来说

---

① 境外投资管理办法(商务部令 2014 年第 3 号),http://lr.mofcom.gov.cn/article/ddfg/qita/202202/20220203280897.shtml[2022-08-28]。

是非常有益的，可以帮助国家签署更多的项目投资协议。通过政府间投资合作协议，为国有企业在相关国家地区对外直接投资的顺利实施提供了保障，也能进一步鼓励更多企业在相关国家地区进行投资。

4.3.3.2　积极推进混合所有制改革，破除竞争中立原则的限制

进一步推动国有资本投资体制的优化和完善，积极建设国有资本投资平台，推动国有资本运营虚体化。从运营层次来看，发挥股权多元化的股份公司的作用，以此为基础来进行对外投资，可以有效地防止西方国家竞争中立原则的约束和阻碍。对部分经营领域而言，无法有效地确保国有资本直接运用获得最大投资回报率。就这一状况来看，有必要学习德国的经验，当更高的效率无法在国有企业得到保证时，对于国有企业来说，有必要退出直接经营，与此同时，参股私人投资企业，通过这样的模式来得到经济效益。如果国有企业涉及领域和公共服务有关，或者涉及基础设施，那么，还需要积极摸索混合所有制改革。如果引入了私人资本，在这样的情况下，要想确保公共利益不受到损害，有必要保护拥有否决权的少数股权，通过这种方式来确保运行效率，避免公共利益受到损害。

4.3.3.3　加强国有企业对外投资风险预警管理

一般情况下，国有企业在对外投资过程中之所以会受到损失，一个非常重要的原因就是它们不具备良好的经验。结合以往的投资经验，对国有企业而言，对外投资往往面临着很高的风险，这些风险涉及多个领域，如交易、政治以及社会等。部分风险可能会让企业无法承受，所以必须以政府角度为切入点，建立健全风险预警体系。同时还需要扩大政府的服务范围，在其中引入信息咨询服务；强化驻外使馆信息收集职能，定期地指派专业化团队来进行投资环境的考察，尤其针对那些重点区域；构建科学系统的海外投资风险预警体系，建立更加完善且有效的信息服务平台。通过以上措施来确保国有企业对外投资的安全性。

4.3.3.4　引导国有企业强化对外投资中的社会责任管理

要想维持和投资国的长期合作，推动我国和投资国的共同发展，需要我国企业高度重视投资国的实际发展现状，了解这些国家的实际需求，积极履行自身的责任，建立良好的形象。根据实际情况来看，我国的大部分企业都

能够在投资国进行积极捐助，同时努力承担它们的责任。但是，这些企业还是存在很多不足之处，尤其是没有积极地去整合并宣传自身对当地所做的重要贡献，虽然做了贡献，但是并未得到当地民众的认可，而且还可能导致误解的产生。所以，管理部门要重视这一点。国有企业制定社会责任报告要高度重视海外投资社会责任这一板块，突出自身的良好形象，提高民众对自身的认可度和满意度。

4.4 中国对"一带一路"沿线国家投资状况

4.4.1 对"一带一路"沿线国家投资规模及其变化

当今世界正处于百年未有之大变局，国际格局正在重塑，全球治理体系正在变革，2020 年全世界经济萎缩 3.3%，是自 2009 年来首次出现负增长，而在以习近平同志为核心的党中央统揽全局下，我国在全球主要经济体中唯一实现了经济的正增长。2020 年，我国对外直接投资流量达 1537.1 亿美元，首次居全球第一位。

自 2013 年 9 月，习近平提出建设"一带一路"后，中国与沿线国家一直保持着良好的经济合作关系，对沿线国家的直接投资也保持着稳步增长[①]。截至 2020 年底，中国 2.8 万家境内投资者已经在"一带一路"沿线国家设立境外企业超过 1.1 万家，2020 年当年实现直接投资 225.4 亿美元，同比增长 20.6%，占同期流量的 14.7%；年末存量 2007.9 亿美元，占存量总额的 7.8%，同时，2013 年至 2020 年中国对沿线国家累计直接投资达到了 1398.5 亿美元。

从流量上看（图 4-6），2013 年至 2020 年，我国对"一带一路"沿线国家的直接投资在整体上保持着缓慢上升的趋势，只有 2016 年由于全球金融危机持续的影响出现了较大负增长。而投资占比则比较曲折，2014 年缓慢下降，2015 年又重新上升，2016 年又大幅度下降，但 2018 年至 2020 年一直保持着上升的趋势，说明未来趋势乐观。同时，与对外直接投资流量总额的增长速度相比，对沿线国家的直接投资流量增长率更高，如 2015 年对外直接投资增长速度为 18.3%，而对沿线国家投资增长速度为 30.9%，后者是前者的 1.7 倍；2017 年对外直接投资减少了 19.3%，而对沿线国家投资却增长了 31.5%，后者比前者增加了近 51%。

---

① 共建通向共同繁荣的机遇之路——习近平总书记谋划推动共建"一带一路"述评，https://m.gmw.cn/baijia/2021-11/19/35322365.html[2022-08-28]。

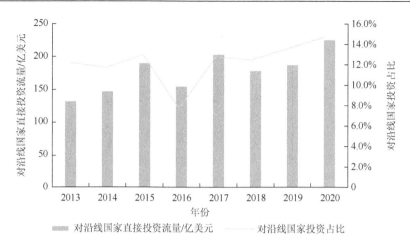

图 4-6　2013～2020 年中国对"一带一路"沿线国家投资流量及占比情况

资料来源:《2020 年度中国对外直接投资统计公报》

　　从存量上看（图 4-7），我国对沿线国家的直接投资规模一直不断扩大，从 2013 年的 720 亿美元，到 2020 年的 2007.9 亿美元，增长了近 178%。截止到 2020 年底，投资存量位列前 10 的国家是：新加坡、印度尼西亚、俄罗斯、马来西亚、老挝、阿拉伯联合酋长国、泰国、越南、柬埔寨、巴基斯坦。从投资占比的角度看，2013 年至 2020 年对沿线国家的直接投资额占对外投资总额的比重呈现缓慢下降，但下降幅度较小，不超过 4%，未来仍有提升空间。

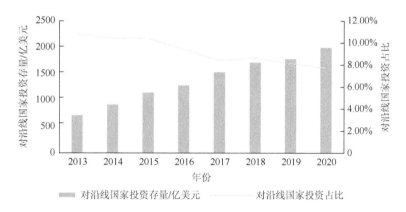

图 4-7　2013～2020 年中国对"一带一路"沿线国家投资存量情况

资料来源:《2020 年度中国对外直接投资统计公报》

　　所以从整体上看，中国对"一带一路"沿线国家的直接投资不论是流量还是存量，都保持着良好的趋势，在各种政策以及利好因素的影响下，预计未来还会增长。与此同时，各个国家对"一带一路"倡议的认同度越来越高，我国要把握好机遇，积极营造良好的投资环境，降低投资风险，进一步推进"一带一路"倡议，提升投资空间，激发沿线国家的投资活力。

4.4.2 对"一带一路"沿线国家投资行业分布情况

中国对"一带一路"沿线国家直接投资的领域十分多元化，投资分布在各个不同的行业，主要包括制造业、租赁和商务业、批发和零售业、采矿业、金融业、农林牧渔、电力生产和供应业等。2020 年的对外投资也是如此（图 4-8），从行业的构成上看，流向制造业的投资为 76.8 亿美元，同比增长 13.1%，占比 34.1%；对建筑业投资 37.6 亿美元，占比 16.7%；电力生产和供应业 24.8 亿美元，占比 11%；租赁和商务业 19.4 亿美元，占比 8.6%；对批发和零售业投资 16.1 亿美元，占比 7.1%；对科学研究和技术服务业投资 8.7 亿美元，占比 3.8%；对信息传输/软件和信息技术服务业投资 8.2 亿美元，占比 3.6%；最后对金融业的投资额为 8 亿美元，占比 3.5%。

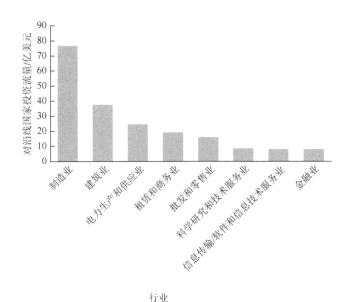

图 4-8　2020 年中国对"一带一路"沿线国家投资流量行业分布情况

资料来源：《2020 年度中国对外直接投资统计公报》

5 中国企业对外直接投资动因分析

5.1 中国企业对外直接投资宏观动因

5.1.1 母国的宏观激励："走出去"战略

我国为扩大开放、深化改革，提出了"走出去"战略，这使得对外直接投资变得日益重要。对外直接投资不仅能促使资本在全球自由流动以达到最优配置，实现企业利益最大化目标，还能利用国际资源达到带动国内产业升级、增强国际竞争力等其他宏观战略目标。1992 年，邓小平南方谈话极大地推动了中国的改革开放，中国的对外直接投资迎来了广阔前景。1999 年，中国政府提出将推动对外直接投资作为促进全球化的发展的政策之一，中国的对外直接投资增长加快。在"走出去"战略的引导下，从 2002 年至 2020 年，中国企业对外直接投资一直保持着波动性的增长。2005 年，中国企业对外投资流量达到上百亿美元。由《2020 年度中国对外直接投资统计公报》统计数据可知，如表 5-1 所示，2020 年中国对外直接投资总额已经达到 1537.1 亿美元。中国在世界各国直接投资中的影响力不断扩大，流量排名从 2012 年开始一直居全球前三，2020 年排到全球第一。中国作为世界上第二大的经济体，正在不断地突破原有"世界制造工厂"的角色，努力打造创新驱动发展的新模式，其中跨国并购作为对外直接投资方式的一种，就是完成角色转变的最为有力的国际化战略之一。

表 5-1 2004～2020 年中国对外直接投资统计（流量）

年份	总投资金额/亿美元	增长	全球位次
2004	55.0	—	20
2005	122.6	122.9%	17
2006	211.6	43.8%	13
2007	265.1	25.3%	17
2008	559.1	110.9%	12
2009	565.3	1.1%	5
2010	688.1	21.7%	5

续表

年份	总投资金额/亿美元	增长	全球位次
2011	746.5	8.5%	5
2012	878.0	17.6%	3
2013	1078.4	22.8%	3
2014	1231.2	14.2%	3
2015	1456.7	18.3%	2
2016	1961.5	34.7%	2
2017	1582.9	−19.3%	3
2018	1430.4	−9.6%	2
2019	1369.1	−4.3%	2
2020	1537.1	12.3%	1

资料来源：《2020 年度中国对外直接投资统计公报》

注：2004～2005 年数据为中国对外非金融类直接投资数据，2006～2020 年为全行业对外直接投资数据；2006 年同比为对外非金融类直接投资比例

5.1.2 母国的宏观压力：外汇储备的持有成本

我国国内经济发展呈现出的巨大差异直接导致了我国外汇储备的不均衡。因为一国的外汇储备是与该国的经济发展程度成正比的。储蓄率是一国经济的基础数据，是反映一国经济发展和社会稳定的综合性指标。进入 21 世纪，中国的银行储蓄额和外汇储备量不断攀升，屡创新高。过快积累储蓄额需要寻找新的投资方向，于是开始购买以美国为首的发达国家的低收益率债券。这一举措使得国内的储蓄流入了这些国家的金融市场，然后这些发达国家利用出售债券所得收益，以外商直接投资的方式投资中国市场。这样就形成了一个储蓄投资的循环。这个看似良性的循环实际上存在着很大的弊病，首当其冲受到损害的是我国政府对货币政策的控制程度；其次是提高通货膨胀率，造成国内经济的动荡局面。

事实上，我国向来是储蓄大国，国际货币基金组织此前公布数据显示，中国的国民储蓄率从 20 世纪 70 年代至今一直居世界前列，90 年代初居民储蓄占国民生产总值的 35%以上，到 2005 年中国储蓄率更是高达 51%，而全球平均储蓄率仅为 19.7%。2009 年我国居民储蓄余额已经突破了 18 万亿元，储蓄率在全世界排名第一，人均储蓄超过 1 万元。根据中国人民银行的数据显示，截至 2020 年底，我国居民储蓄余额达到了 93.44 万亿元。同时，我国实施的出口导向型经济模式决定了贸易保持顺差状态，所以实现上述理论所需的贸易缺口根本就不存在。更为严重的是，我国长期以来选择的经济发展战略和外汇管理模式导致了我国成为资本净输出国。

这是采用以出口为主的外向型经济发展模式带来的直接负面影响。为追求短期内快速的经济上升，出口被安排在了第一顺位。这种发展模式直接导致了经济上升得越快，外贸顺差的边际累积率越大，于是就一步一步造成了超额外汇储备，最终形成资本大规模输出的局面。其实，这种经济发展模式在我国的某些区域，特别是沿海经济较发达地区，在经济发展到某个具体时间段是有显著的效用。不过一旦把它变成国民经济的整体发展方针政策，并且长期使用，则结果将会与原先的设想相差甚远。我国政府通过一系列优惠的投资政策，吸引大量的外商直接投资。这样做，一方面是为了改善我国外汇储备的短缺状态，不仅可以直接增加外汇储备，也不用担心为我国的国际收支带来负担；另一方面，引发贸易部门吸收一部分国内储蓄，完成"储蓄-投资"的过程，可以更好地为发展经济添砖加瓦。不过，这么做的负面影响为后来我国国际收支双顺差的不合理结构种下了隐患。

受美元利率降低的影响，人民币与美元之间的正向利差不断扩大，再加上人民币的升值，导致以套利和投机为目的的国际热钱不断流入。我们试着用人民币和外汇资金来动态模拟热钱流动：商业银行用人民币买入相应的外汇，这些被支付出去的人民币流入了市场，通过各种渠道变成了存款、股票、期货、房产等以人民币计价的其他资产，而商业银行买入的外汇以结算的方式最终流向了中央银行，结果就是中央银行外汇占款变大了。反方向操作这一过程即能帮助热钱流出中国。基于人民币升值预期套利的理念驱使下，国外投机性资金通过虚假贸易、增资扩股、货币流转与转换、地下钱庄、货柜车夹带现金、赠家款等各种渠道进入中国，通过证券交易、买卖房产等资产的形式转为自由进出，在获取资产升值及人民币汇率升值的双重收益后，换成他国货币，倾巢而出。因此，将我国的外汇储备转化为投资，将资金转化为资本，将外汇储备与企业的国际化经营战略、银行的国际化战略结合起来，共同推动中国企业走出去，减少对国内经济造成的压力。

5.1.3 东道国的宏观激励：软硬件环境的吸引

斯蒂芬·海默提出导致国际直接投资的根本原因是不完全竞争市场。在对外投资的区位选择中是从具有垄断优势企业的所在国家或地区流向不具有垄断优势的国家或地区的。垄断优势包括技术优势、信息优势、国际声望、规模经济优势等，这些区位特征都是来自资本来源国的。这些企业选择在没有垄断优势的区位投资地区的因素主要包括：政治稳定、治安状况良好、政策的连续性，以及与企业相关的法律法规的完整。由于不同国家或地区之间的文化差异，法律制度和经济政策的差异，企业在投资不同地区面临的情况是不同的。发展中国家的区位优势在于其市场的容量较大和获得的优惠政策，以及丰富的资源和劳动力。而发达国家的区位优势体现在政治稳定、良好的基础设施、管理水平高、市场容量大、劳动力素质好、经济一体化程度高、完善的法律制度等。

东道国环境因素也是中国企业对外直接投资的重要考量因素。环境因素可分为自然环境和经济环境。自然环境是指自然条件和资源。经济环境包括东道国文化习俗、经济发展水平、人口密度、消费水平等。相比之下，环境因素的影响，对企业跨国投资区位选择是最大的。如果加以利用，可以缩短企业与当地消费者之间的"心理距离"，为企业创造条件，方便企业进行对外直接投资。

对于具有长远眼光的跨国企业来说，东道国环境比政策更重要。跨国企业若因为要素、制度质量以及基础设施等环境因素而选择某一区位，意味着它更有可能与当地经济深入捆绑。反之，若跨国企业因为激励政策而选择某一区位，则极大可能通过进行不同区位政策的对比，从而改变投资策略。

5.1.4　东道国的宏观压力：贸易保护主义

贸易保护主义是一种力图通过关税和各种非关税壁垒限制进口，从而保护国内产业免受外国商品竞争的行为与政策。2008 年，美国爆发次贷危机，随即引发全球性的经济危机，导致各种形式的贸易保护主义轮番上演。与以往不同的是，这一时期的贸易保护主义具有较强的民意基础，在美洲与欧洲多国蔓延，并且冲破了多边贸易体制的束缚。

贸易保护主义与经济危机总是如影随形。每当经济危机爆发，一些国家就会采取贸易保护主义政策保护本国经济利益，对各国经济发展以及世界经济秩序产生了重大影响。

经济危机是贸易保护主义盛行的根本原因。贸易保护主义在西方国家经常周期性地出现，当世界经济面临或处于萧条阶段时，一些国家就会倾向于采取贸易保护主义政策。2008 年以来，贸易保护主义大行其道、愈演愈烈，原因便是主要资本主义国家进入垄断资本主义阶段，由此发生周期性的经济危机。有人认为，垄断资本主义通过国家干预可以避免经济危机的爆发，然而事实显然不是如此。垄断资本主义导致了资本高度集中和不合理流动，造成了产能过剩，进而使得经济危机的根源更加深厚。总之，垄断资本主义必然导致周期性的经济危机，而贸易保护主义则是垄断资本主义国家应对经济危机的普遍做法。

此外，片面追求国家利益是贸易保护主义抬头的重要原因。在很大程度上，国家利益对外交政策具有决定性作用，也对国家对外战略的具体目标有着重要影响。在国际关系中，国家利益往往指总体利益，这里的总体利益不是简单的所有局部利益之和，也不是所有个体的、局部的物质和精神的需求都能上升为国家利益。因此，我们可以把国家利益定义为，一个国家与外部世界关系的重点以及一个国家中所有人或者多数人所关注的公共利益。国家利益包括政治利益、经济利益、安全利益、文化利益等各个方面，由此决定了贸易保护主义的复杂性排序。比如，失业率、国际收支以及产业发展等涉及国家安全和国内经济社会秩序的问题可能会优先于贸易自由化。为保护本国利益免遭或少遭经济危机的损害，保护本国产业发展、国民就业以及社会秩序稳定，贸易保护主义成为一些国家应对经济危机的普遍选择。

维护经济霸权是西方发达国家采取贸易保护主义政策的强烈动因。西方发达国家实施贸易保护主义政策在很大程度上是为了维护其在全球经济格局中的主导地位。当前，中国等新兴市场国家迅速崛起，在国际政治经济体系中扮演着越来越重要的角色。20世纪90年代以来，西方发达国家在全球化过程中发挥着主导作用（有人曾把全球化称为美国化、西方化），但对新兴市场国家和发展中国家的发展形成了冲击。以中国为例，2018年中国的GDP突破90万亿元，达到91.9万亿元，对世界经济增长的贡献率接近30%[①]。可以说，发展中国家与发达国家在全球经济力量对比上已经发生了重大变化。

当前，在西方国家贸易保护主义盛行的情况下，中国逐渐成为经济全球化的重要推动力量。自20世纪90年代冷战结束以来，东西方两个分裂的市场体系逐渐融合为一个统一的世界市场体系，经济全球化得到快速发展，中国的对外开放迎来了非常好的发展机遇。中国抓住这一机遇，进一步深化改革开放，获得了显著的成就。随着经济全球化、社会信息化的深入发展，世界各国相互联系、相互依存日益加深。中国要发展，必须以全球思维谋篇布局，必须顺应世界发展潮流。在这种局面下，我们需要保持战略定力，坚定不移地把对外开放政策推行下去，推动形成全面开放新格局。

5.2 中国企业对外直接投资微观动因

5.2.1 资源寻求型对外直接投资

改革开放之初，中国以吸引外商投资为主，虽然也有少量对外投资，但截止到2002年底中国累计对外直接投资也仅有299.2亿美元，远低于吸引外资数额。从"十四五"中期开始，经济转型期的中国开始启动"走出去"战略，鼓励具有比较优势的企业进行海外投资，打造有实力的跨国企业与著名品牌。"走出去"战略使中国对外直接投资实现跨越式发展，2020年中国对外直接投资达

---

① 2018年GDP修订为919281亿元，http://www.gov.cn/xinwen/2019-11/23/content_5454785.htm[2022-10-20]。

到 1537.1 亿美元，首次跃居世界第一。对外投资作为中国"走出去"战略的重要内容，在优化中国产业结构、提升产业国际竞争力的同时，也促进了东道国经济增长与就业，深化了中国同世界各地的互利合作。

广义上讲，对外直接投资可以分为四类：资源寻求型、市场寻求型、效率寻求型和战略资产寻求型。在这四种类型中，资源寻求型对外直接投资历来是中国对外投资的主力军。资源寻求型对外直接投资是以寻求海外资源为目的的对外直接投资，中国经济的崛起增加了对原材料和能源的需求，打破了原有的全球能源分配格局和原有的供求平衡。由于资源供应有可能涉及非市场因素产生的供应中断和价格波动，过度依赖资源进口的弊端是显而易见的，因此通过跨国公司内部化获得经济发展所需的资源产品，对健全资源保障体系至关重要。经济快速发展产生的资源需求，使中国尤为必要进行大规模的资源寻求型对外直接投资。

资源寻求型对外直接投资除了追求经济利润以外，更多的是为了降低资源对外依存度，具有重要的战略意义。通过对外投资在资源充裕的国家建立资源的海外供应基地，国家资源安全将更具可靠性，更能使国内资源供应得到有效保障。总的来说，境外投资资源的动机主要有以下几种：①资源寻求型对外直接投资可以通过跨国公司内部转移定价，以内部化的方式来降低资源获取成本。由于原料进口随时受国际原料市场供需状况和价格变化的影响，面临诸多不确定性，通过资源寻求型对外投资获取资源的开采权，资源进口价格不易波动，保证了资源获取的稳定性。②通过资源寻求型投资可以在海外寻求国内劣势资源，获取国外资源以补充自身资源禀赋的不足，降低缺少资源对国内生产的限制，实现产业结构优化和促进经济发展。我国经济的发展导致对资源的消耗不断加大，由此引发的对资源产品的需求导致资源类企业产生海外投资的迫切需求。③在资源寻求型投资过程中，不仅可以促进相关设备及原料的出口，还可以通过劳务输出缓解国内就业压力。另外通过对外投资的逆向技术溢出可以获取国外先进技术与管理经验，提高企业国际竞争力。中国资源寻求型对外直接投资是经济全球化背景下我国"走出去"战略的重要组成部分。

5.2.2　市场寻求型对外直接投资

市场寻求型对外直接投资是指跨国企业海外扩张，其主要目的是规避国际贸易壁垒，开辟新的市场从而扩大自己的市场范围。由于关税和非关税等贸易壁垒仍然存在于国际贸易活动中，通过对外直接投资将产品出口到国外市场，不仅能够解决国内生产过剩，而且还可以拓展市场。对于新产品而言，同时占领国内和国外市场，企业就可以在产品生产的初期获得领先优势，更好地把握东道国的消费者。

中国国内工业体系趋于完善，生产制造能力获得长足发展。许多传统的产品如家电、服装、纺织等在国内出现卖方市场和过度竞争的现象。同时，发达国家跨国企业利用垄断专有优势抢占中国市场。中外企业在中国本土市场的竞争已经从少数几个行业发展到几乎所有行业的竞争，已经从品牌竞争、分销竞争、品质竞争、价格竞争这些单一竞争发展到组合竞争。国内处于饱和的行业急需在海外寻求市场转移过剩的生产力，促进产业升级。同时，跨国公司将自身所具备的垄断优势向海外市场延伸，以获取新的利润增长。由于部分国内产品处于相对成熟期或衰退期，急需将产品转移至国外以此延长产品周期。

目前，市场寻求型对外直接投资主要集中在技术成熟和生产能力过剩的纺织、服装、家电、轻工、机械、电子等行业。按照国际通行标准，机械、家用电器、轻工、纺织、服装等行业均属于劳动密集型行业。这类市场往往已经进入全球性市场竞争，市场进入门槛低，主要体现为价格竞争，企业竞争优势主要源自丰富的自然资源和低廉的初级劳工成本。选择市场寻求型的企业一方面充分利用国内生产能力的竞争优势，另一方面也积极通过吸收国外先进技术提高国内市场竞争水平，或通过树立全球品牌形象最终实现企业全球发展战略。

5.2.3　效率寻求型对外直接投资

生产要素禀赋在各国间的差异是国际生产转移的重要影响因素。相对而言，效率寻求型投资更强调通过跨国界的生产转移来降低成本和提高效率。企业借助对外直接投资活动，一方面可以将国内生产成本高的劳动密集型生产环节转移到国外，降低生产成本和物流成本，并在跨国范围内组织生产资料，实现要素的有效组合；另一方面也可以将国内相对饱和的生产力转移，提高效率，实现规模经济。

从发达国家的经验看，20世纪60年代，美国半导体产业借助对外直接投资将装配环节转移到拉丁美洲和亚洲"四小龙"，节省了大量非资本要素成本，仅劳动力成本一项就降低了80%以上。自20世纪60年代末以来，日本则逐步将在其国内失去比较优势劳动密集型、资本密集型和技术密集型的产业迁往东亚，推动了雁行模式的发展。虽然美国、日本在进行对外直接投资活动时，其技术水平和在国际生产价值链中的地位不同，但它们以效率寻求为特征的对外直接投资都是从劳动密集型产业开始，并与其国内持续上升的要素成本联系在一起，在实现对外效率寻求的同时，实现了国内产业的高级化。总体上看，效率寻求型对外直接投资通常具备三个特征：在国内劳动力成本上升和生产能力过剩的情况下，对外直接投资与东道国的低劳动力价格相结合；效率寻求要求资本输出国相对输入国具有一定的优势，如技术水平和管理经验等；效率寻求往往与自然资源寻求和市场寻求等相结合，通过廉价自然资源和更大市场规模的获取，降低成本。

与发达国家大规模进行对外直接投资活动时的情况不同，中国的对外直接投资在效率寻求中所依托的国内产业技术水平在全球格局中并不占据明显优势，甚至处于全球价值链的低端。因此，作为转型时期的新兴市场国家，中国的对外直接投资进行效率寻求轨迹必然不同于发达国家。从效率寻求角度看，长期以来，通过开放型经济的发展，中国利用劳动力成本相对低的优势，吸收了大量外资，在劳动力密集型产业上形成了一定的比较优势，相对东南亚、非洲和拉丁美洲的部分国家，中国一些产业拥有更完善和相对成熟的技术与设备。随着近年来国内生产成本不断攀升和部分劳动密集型产业生产能力的过剩，国内企业生产压力快速增加，不少企业有通过向劳动力成本更低的国家转移生产环节以降低要素成本和市场压力的迫切要求。因此，无论是外在动因还是内在动因，中国的对外直接投资都具备了进行效率寻求的基础。结合先行国家的轨迹和经验，中国对外直接投资的效率寻求在初始阶段应该以直接的劳动力成本降低为主要目标，通过相对技术优势的输出，结合东道国的自然资源、市场规模等因素进一步降低生产成本。从中长期看，通过劳动密集型产业和过剩生产能力的转移，集中资源加强国内产品创新和产业升级，在追赶发达国家的同时，保持相对输入国的技术优势，从而形成长期稳定的动态分工。

5.2.4　战略资产寻求型对外直接投资

在以发达国家为核心的全球价值链中，发展中国家往往不具备竞争优势，其对外直接投资以获取先进技术等战略性资产为主要动机。Dunning（2003）在对国际生产折衷理论进行深入探索的基础上，把对外直接投资的动机分为四类，并且提出了与技术寻求动机内涵相同的战略资产寻求动机理论，其认为，战略资产寻求型对外直接投资主要是投资于发达国家，其中，战略资产指难以模仿、稀缺的、供专用的专业资源与能力，主要包括技术、品牌、销售渠道、市场知识等。通过"干中学"获取先进的生产技术、管理经验以及营销能力等无形资产。

我国企业开展技术寻求型对外直接投资的形式多样，主要有绿地建设、境外园区、孵化器培育、并购境外高新技术机构、现有海外机构拓展、转型，以及组建中外产业技术联盟等。但归纳起来，通过对外直接投资来寻求海外先进技术和管理经验的方式主要有以下两种：一是通过绿地投资在海外设立具有研发功能的机构；二是并购海外现成的具有先进技术和管理经验的企业。因此战略资产寻求型对外直接投资是以获取东道国的技术信息、管理经验、智力资本、研发装备和机构等科技资源为目标，以新建、并购或联合海外研发机构为手段，以提升企业技术竞争力为目的的跨境资本输出行为。在全球价值链背景下，战略资产寻求型的对外直接投资主要通过逆向技术溢出影响母国的经济发展。发展中国家通过在技术发达国家进行绿地投资或并购当地企业，利用知识的外部性获取全球价值链中的战略资产，实现自身技术的进步，为经济增长提供持久的动力。

5.3 国有企业对外直接投资现有研究

5.3.1 投资动机分类

到目前为止，结合学术界的分析来看，在研究探索国有企业对外直接投资的动机以及绩效过程中，没有体现国有企业特色的方案。现有的评价指标和体系多数考虑短期财务绩效，且较少考虑国有企业执行国家战略、代表行业风向的动机与绩效。

在这次分析中，本书整理归纳了商务部颁发的《境外投资企业（机构）名录》（共收录 1980～2014 年 34 121 条数据），在其中整理国有企业对外直接投资 2858 条数据。参考葛顺奇和罗伟（2013）所提出来的划分标准，以企业的经营范围为前提条件，把对外直接投资企业进行划分，最后得到的类型一共有四个，第一，研发加工型。第二，非经营型；第三，综合型；第四，贸易销售型。在样本中，国有企业对外直接投资类型占比最大的是综合型。这部分企业大多在海外进行相应行业的工程承包，或者是相关制造、进出口服务、设计和技术咨询服务等，涉及项目庞大、金额众多。可以看出这些企业在海外设立的机构具有行业前瞻性和战略性。其次是非经营型的市场开发联络、交流合作、收集信息、协调管理等。例如，2008～2013 年中国水电建设集团国际工程有限公司在海外建立了近 60 个代表处或分公司，负责对外联络、收集信息、协调和管理项目监管、协调项目及公司所在国的所有机构、与当地政府及相关机构联络工作等业务。根据上述描述，把国有企业对外直接投资动机根据海外经营类别进行了整理，如图 5-1 所示。

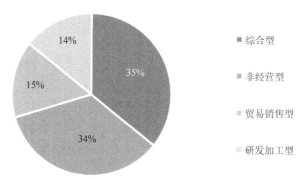

图 5-1　国有企业对外直接投资经营类型分类统计

表中数据进行过修改，可能存在合计数不等于 100%的情况

5.3.1.1　降低生产经营成本

结合我国经济的发展情况来看，人口红利几乎已经不复存在。劳动力价格变得越来越高，很多劳动力密集型产业已经不再拥有成本优势，如纺织业等。与此同时，我国市场的饱和度也在不断上升，各行各业的竞争压力都越来越大。实行对外直接投资模式，对我国企业来说，它们可以在其他国家设立工厂，将剩余的设备转移到其他国家，这样可以在一定程度上防止国内竞争加剧，又能够提高资源的使用效率，最终减少成本。对发展中国家而言，为了获得更多的资金，不断优化改进投资环境。同时也打造了多元化的优惠政策。比如，研发加工型对外直接投资和多样化型对外直接投资企业一般情况下都会在当地进行生产，同时在当地进行销售，这样做有利于减少生产成本。贸易销售型对外直接投资企业也会和当地政府国家建立长期合作关系，建立健全营销体系，这对于母公司而言，有利于减少建设产品组合营销网络的成本。

5.3.1.2　获取技术与品牌

对于任何一个企业来说，在海外投资并购的同时，要想获得竞争力，最为重要的因素在于技术和品牌。从发达国家和发展中国家进行对比发现，无论是技术还是品牌，它们的优势都更加突出。我国企业实行对外直接投资，在西方国家直接建立研发机构，同时借助股权等相关模式进入东道国市场，学习参考东道国的技术和经验，从而提高自身的专业技能，缩短双方的差距。除此之外，直接对外投资模式对我国来说还可以在一定程度上提高竞争水平。比如，研发加工型对外直接投资企业就在其他国家构建了研发部门，而对母公司来说，这些部门可以为其带来很多重要因素，如技术等，从而使得母公司的生产技术上升。

企业品牌是由多个要素共同构成的，如管理、技术等，能够展现一个企业的无形竞争水平，可以推动企业的长期稳定发展。

对外直接投资可以帮助企业获得更多的品牌优势。首先，能够在一定程度上防止同质化竞争情况的产生，企业可以实施多元化经营。其次，企业也能够得到品牌之后的资源，如人脉等，从而尽快地打入国际市场。除此之外，还是存在很多风险性，第一，要进行对外投资，企业先必须有足够的资金，与此同时，还要拥有良好的运营水平，并且对品牌进行科学合理的管理。第二，企业能否得到重要资源，如品牌，还和东道国的意愿相关。

5.3.1.3 获取资源

资源在一个企业发展过程中起到非常重要的作用。在我国,资源需求量相对更高。再加上我国始终坚持可持续发展,资源给我国企业带来的影响越来越深入。就我国政府来说,为了确保资源可持续供应,实施多元化的方式,推动企业进行海外投资。比如,在我国,大型石油企业就在持续性地实施海外并购。除了资源要素之外,资金也是一个至关重要的因素。所以,如果一个企业自身具备良好的国际竞争力,那么该企业往往会青睐于海外上市投资。该方式对企业来说具有非常重要的意义,除了满足企业的发展需要之外,还能够推动企业的结构升级以及理念优化等。研发加工型对外直接投资和多样化型对外直接投资就选择了那些具有非常丰富的资源的地区设置了工厂,这样做的就是为了确保在发展的过程中拥有丰富的资源。

5.3.1.4 占领市场

为了进一步扩大规模,提高市场占有率,企业也会实施对外投资。第一,在国内竞争中,如果压力不断上升,企业无法持续发展,那么很可能选择其他国家,也就是实施对外投资,减少国内竞争压力。第二,对东道国政府来说,它们也出于自身的考虑,为本国企业提供一定的支持和保护,所以会制定一些保护政策。为了提高自身的规模,企业往往会实施对外直接投资,在东道国市场建立工厂或者企业,在当地进行生产销售,通过这种模式来防止贸易保护主义带来的不良影响。第三,通过海外直接投资,企业和当地市场的距离也会有所缩短,有利于企业及时得到相关重要信息,了解消费者的实际需要,同时还可以加强和当地客户的沟通与协作。贸易销售型对外直接投资一般情况下采取的措施就是和当地政府构建合作关系,提高母公司产品在东道国市场上的影响力以及消费者对产品的满意度,从而减少母公司产品出口的成本,并推动母公司产品出口,这种方式也有利于提高出口产品技术含量。

5.3.2 投资绩效研究状况

中国的企业异质性使得它的对外直接投资绩效评价体系更为复杂。国有企业在经济中占据高位,是国民经济的支柱,对国有企业对外直接投资的研究也成了重中之重。然而相关研究的角度一直比较片面,综合全面的研究成果非常稀缺。

因此，厘清国有企业对外直接投资绩效的发展脉络和状况，对于实践和理论来说都是意义重大的。

本书基于知网数据库，选取 2004～2018 年（共 15 年）有关国有企业对外直接投资研究的 231 篇文献作为文献计量分析的样本数据。本书将时间切割设置为5 年，共 3 个时间段，将阈值设置为"TOP50"，即选择在每个时间段内出现频次位列前 50 位的文献组成最后的共生网络。

关键词是文献研究内容的大致概括和提炼，关键词的频次高低在一定程度上反映了现有文献的研究热点。基于搜集到的 231 篇国有企业对外直接投资文献，本书进行了关键词共现分析（图 5-2），发现关于国有企业对外直接投资的研究是多视角的，学者从全要素生产率、制度环境、融资约束、企业异质性、并购、企业管理等角度对绩效进行研究。此外，国有企业对外直接投资的整个过程，即对外直接投资的动因、模式、障碍、绩效等均是研究的热点。国有企业对外直接投资研究的关键词频次排名前 20 的词汇见表 5-2，为了方便阅读，仍有许多同频次词汇没有列出。其中全要素生产率、融资约束等与绩效相关的词汇出现的频率颇高，但对于综合绩效的研究却少之又少，这说明绩效在国有企业对外直接投资的研究中占据着相当重要的地位，但是相关的系统性研究却跟不上步伐。

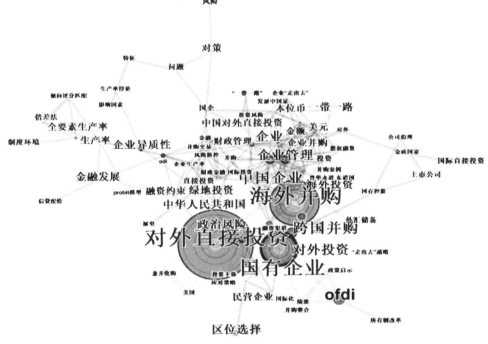

图 5-2　国有企业对外直接投资关键词共现

ofdi 即 OFDI

表 5-2 出现频次排名前 20 的主题词信息

序号	频次	中心度	主题词	序号	频次	中心度	主题词
1	86	0.15	对外直接投资	11	8	0.13	政治风险
2	56	0.13	海外并购	12	7	0.03	海外投资
3	41	0.24	国有企业	13	7	0.10	中华人民共和国
4	17	0.04	ofdi	14	7	0.13	企业异质性
5	15	0.15	跨国并购	15	6	0.15	绿地投资
6	15	0.09	中国企业	16	6	0.04	金融发展
7	12	0.19	企业	17	6	0.00	一带一路
8	12	0.13	企业管理	18	5	0.02	本位币
9	12	0.03	对外投资	19	5	0.06	全要素生产率
10	8	0.00	区位选择	20	5	0.08	融资约束

　　企业对外直接投资的绩效指企业在进行对外直接投资的过程中所产生的结果和成效。根据对相关文献的具体分析，国有企业对外直接投资绩效主要分为以下几个方面。

　　第一，对财务绩效的研究。在会计效应方面，陈志国等（2015）通过实证研究归纳得出我国对外直接投资的三个效应即经济效应、结构效应和技术效应；谭洪益（2015）运用事件研究法分析了海外并购对财富效应的影响，危平等（2016）在进行企业跨国并购绩效研究时也提到了财富效应。在具体绩效指标方面，以衡量会计绩效的企业短期财务指标为主，如企业超额收益率；朱玉杰等（2015）研究了国有控股程度对企业并购影响中的正向 CAR 关系；顾露露等（2017）在研究现金支付方式对海外并购绩效影响时采用了超额累计收益率（cumulative abnormal return，CAR）来衡量并购绩效；孙淑伟等（2017）在中国国有企业海外并购溢价研究中也采用了 CAR 作为并购绩效衡量指标；此外，还有资本回报率（return on invested capital，ROIC）（冯正强等，2017）、总资本回报率（return on total assets，ROTA）（周大鹏，2016），以及其他衡量会计绩效的指标如加成率水平（田泽等，2017）、经济增加值（economic value added，EVA）模型（屠巧萍等，2014）等衡量方式。

　　第二，对非财务绩效的研究，主要集中在创新和生产力两个方面。创新绩效主要是关于技术溢出效应的研究。常玉春（2011）研究提出了国有企业对外直接投资逆向技术溢出中的物化技术溢出，邱喆成（2015）研究了对外直接投资产生的研发资本溢出的创新提升效应，付永萍等（2015）在实证研究中探究了所有权性质企业的对外直接投资创新绩效，然后付永萍（2016）又基于战略新兴产业研究了不同产权企业对外直接投资的创新效应。而在生产力方面多以生产率指标研究为主，企业生产率的研究占了很大比例，陈丽丽（2015）、宋跃刚和吴耀国（2016）

等在研究中运用了全要素生产率度量对外直接投资绩效，袁东等（2015）等考察了外向型投资对企业生产率的正向生产率效应，严兵等（2016）通过江苏省实证数据研究了国有企业和民企对外直接投资的生产率提升效应，戴翔（2016）则通过实证研究指出了国有企业对外直接投资中存在并不显著的事后生产率效应，王玲玲等（2017）则在企业对外直接投资对全要素生产率影响中研究了生产率悖论。

　　前面两类研究为企业绩效方面，还有一些文献探索了其他效应。胡若痴等（2014）在研究中使用了数据包络分析（data envelopment analysis，DEA）方法评价外装备制造业跨国并购绩效，也有学者用 EVA 模型（屠坊萍等，2014）综合评价投资绩效。张凌霄（2016）则选取了国家层面和企业层面多个指标构建了企业对外直接投资的绩效评价模型。刘辉群等（2011）研究了不同性质企业对外直接投资的就业效应。李宏兵等（2017）对比研究了国有企业和民营企业对外直接投资影响就业的创造效应与节约效应。黄凌云等（2014）研究了投资过程中的市场效应。陈丽丽（2015）和丛静等（2016）则研究了自我选择效应。

　　然而，既有的企业跨国并购效应研究往往过于关注并购主体的变化结果，忽略了跨国并购对外界环境产生的影响，对于国有企业跨国并购效应的评估仍然缺乏一个较为条理的、完善的结构框架。因此，为了更加全面系统地整理出国有企业跨国并购所产生的一系列效应，对以上所列相关绩效研究进行了分类整理（图 5-3）。

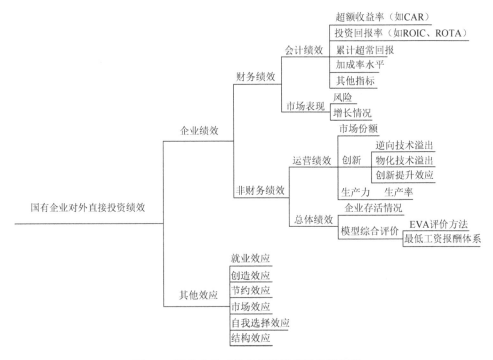

图 5-3　国有企业对外直接投资绩效分类框架

如图 5-3 所示，将国有企业对外直接投资绩效分为企业绩效和其他效应两个
方面，其中企业绩效又可以分为财务绩效和非财务绩效两个部分。财务绩效的衡
量方式主要包括市场表现和会计绩效，其中市场表现主要由风险和增长情况，而
会计绩效主要由超额收益率、投资回报率等指标衡量。而非财务绩效中的运营绩
效主要体现在创新、生产力等方面上，总体绩效则包括企业存活情况以及模型综
合评价等。此外，由于其特殊的政治背景，国有企业对外直接投资还会带来企业
绩效以外的其他效应，各种效应的研究多样且复杂但不成体系，将成为学者进一
步研究的目标。

5.3.3　投资绩效影响因素

在对外直接投资过程中，企业自身状况会对绩效产生不同程度的影响。在企
业层面，本书主要从企业特性、企业治理和经营、人才管理、战略制定、生产率
五个方面进行阐述，如表 5-3 和图 5-4 所示。

表 5-3　影响国有企业对外直接投资绩效的因素研究及相关学者

企业因素	相关学者
企业特性	刘寅龙（2012）；李享章（2012）；杨波等（2016）；俞萍萍等（2015）；文东伟等（2009）；刘慧等（2015）；张纪凤（2014）
企业治理和经营	王健朴（2012）；周俊（2012）；廖运凤等（2007）；马宇（2014）；丁辉（2013）
人才管理	王晓红（2017）；杨艳琳等（2014）；王健朴（2012）；宿晓等（2016）；汝毅等（2016）；于天慧（2017）；文伟东（2015）；刘一（2015）
战略制定	徐传谌等（2015）；于天慧（2017）
生产率	洪联英等（2007）；田巍等（2012）；王方方等（2012）；汤晓军（2013）；俞萍萍等（2015）；严兵等（2016）；周茂等（2015）；严兵等（2014）；张宏等（2014）

图 5-4 中+、−、×和××分别代表两者存在正相关、负相关、不相关以及
无法判断两者关系。由于对国家战略政策上积极支持和迅速反应，国有企业作
为对外直接投资的"领头羊"，各方面的优势显而易见的。国有企业依托国内
发展的优良环境，又由于其规模经济而具有大规模、低成本生产的特有优势，
这种优势主要体现在要素价格低、融资成本低以及劳动密集型产业积累等方面，
使得国有企业在对外直接投资时，保持与国内供应链的密切联系并能延续更多
融资。

但也可以看出，在目前的研究框架下国有企业的国有身份的确在对外投资过
程中为其带来了诸多影响，且多为负面的阻碍性影响，尤其国外资产管理部门对
国有企业政治背景的顾虑。

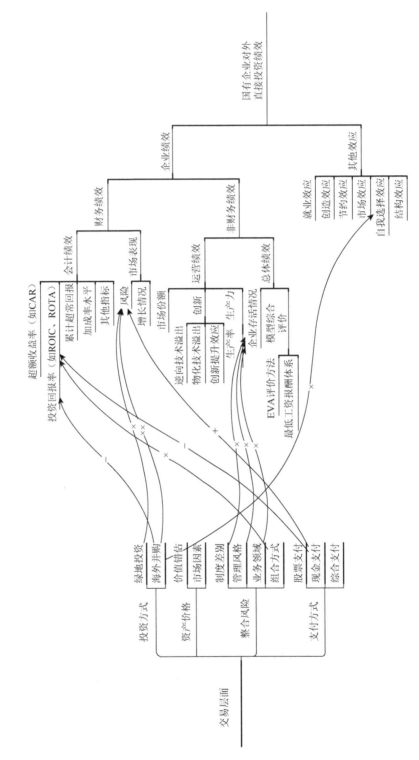

图 5-4 企业因素与国有企业对外直接投资绩效的关系

6 中国企业对外直接投资绩效的分析

6.1 中国对外直接投资对国内产业的影响

6.1.1 对外直接投资与产业结构升级机制分析

既有研究表明，过剩资本类型产业中的企业主要投向发展中国家及最不发达国家，这些企业为了寻求新的发展途径，进行国际市场的开发，同时转移过剩产能；垄断优势资本类型产业中的企业主要投向发达国家及发展中国家，这些优势资本企业多为行业内巨头，其有能力对发达国家进行投资，进而扩张其规模及影响力；有效资本类型产业中的企业投向一般发达国家、新兴经济体、发展中国家及最发达国家，这些企业重视投资效率，多为高新技术型企业，其进行海外投资的目的主要是摄取国际先进技术。通过对投资企业类型的划分及投资效果的分析，本书总结并归纳出对外直接投资对国内产业结构升级的影响方式主要有：资源补充效应、产业转移效应、技术进步效应、产业关联效应、新兴产业成长等，其结构图见图 6-1。

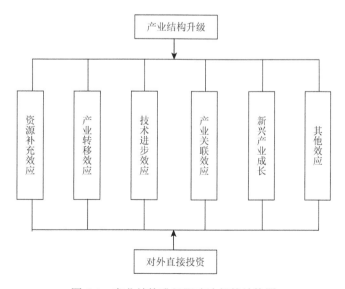

图 6-1 产业结构升级影响途径的结构图

6.1.1.1　资源补充效应的影响机制分析

虽然我国自然资源丰富，但由于是人口大国，自然资源的人均占有量较少。由于受限于国内短缺的生产要素，某些资源依赖型行业的发展达到了瓶颈；为了突破发展瓶颈，求得生存，开发并获取资源成为这些企业对资源充裕型国家开展投资的主要动机。我国企业入驻东道国，或与东道国的政府协商、合作，签署资源开发投资项目；或与当地的企业合作，以参股或控股的形式参与当地资源的开采；最后通过国外子公司或办事处将获取的要素资源转移回国内，可以为母公司的生产与发展提供生产要素支持。当行业突破资源约束瓶颈之后，其生产过程会进入一个全新的时期；相比于要素的使用，此时期的企业更侧重于知识和技术的投入，行业内的生产也开始由粗犷型向集约型转变；从而实现了从依赖要素生产到依赖于柔性资源生产的过渡，带动经济发展的同时，实现了产业结构升级。

例如，为了满足国内经济发展与居民消费的需求，中国石油化工集团、中国石油天然气集团、中国五矿集团等大型国有企业分别对澳大利亚、俄罗斯、加拿大等资源优势国家进行投资，与当地政府或企业进行合作，共同开采石油、天然气、矿产等国内紧缺的资源，再转移回我国，满足国内企业生产、居民使用的需要。弥补了国内生产要素的不足，并对我国的经济快速发展、产业结构调整起到了举足轻重的作用。

6.1.1.2　产业转移效应的影响机制分析

伴随着一国经济的高速发展、产业结构的调整及高新产业的不断涌现，该国国内处于比较劣势的行业会渐渐地失去国内市场。这些夕阳产业迫于国内淘汰的压力，并为了求得生存，便会进行海外投资，将生产转移到国外。一般来说，这些行业会将生产选在发展中国家，或最不发达国家。不仅仅利用当地廉价的劳动力、资本等要素，同时还可以开辟东道国产品市场，将所生产的产品直接在东道国销售。当夕阳产业将生产转移到国外之后，就会释放出一定的劳动力、资本等要素。资本直接被朝阳行业吸收，劳动者通过进一步的学习与培训，也可以流向新兴产业。例如，美国、日本等通过向国外转移劣势产业，对经济结构进行调整，最终实现了产业升级。

还有一些行业，在国内能够存活，但为了进一步的发展，会将其部分生产环节转移海外。这些生产环节主要包括效益较低的加工装配环节、劳动密集型环节。这样一方面扩大了企业在海外的知名度，有利于企业争取更大的海外销售份额；

另一方面将释放出来的生产要素应用于研发环节，可以进一步提高企业的研发技术水平。这些行业是通过增加生产的高附加值部分来实现企业在价值链上的升级，再通过企业间竞争、学习、合作等方式，带动产业结构升级。例如，韩国和新加坡等都是通过对外直接投资来实现产业重组的，因此可以看作"雁阵模式"的继续和拓展。一些企业如苹果公司等主要在国内进行技术研发，却将零配件组装进行外包，在各国打出品牌效应的同时，促进了自身收益的提高。

6.1.1.3 技术进步效应的影响机制分析

大量文献已经证明对外直接投资会产生逆向技术溢出效应。当母国企业对发达国家进行投资时，可以聘请东道国先进技术人员，通过加大人力资本投入来促进自身技术进步。同时投资企业也会与发达国家的先进技术企业开展合作，如技术研发合作、生产流程合作、管理经验交流等方式来促进企业战略资产的获取。除此之外，投资企业还会与当地先进技术企业展开激烈的市场份额竞争，通过对竞争产品的模仿、学习来提高自身产品的竞争力，从而提高产品的技术水平。

获取到先进技术的子公司，通过企业自身的内部渠道，将先进的技术传递给母公司，或将掌握先进技术的专业技术人员派遣回母公司，最终将子公司获取的先进技术回馈给母公司。当技术回流到母公司之后，通过消化、吸收之后的再创新可以进一步提高母公司的技术水平。与此同时，国内产业间的效仿与竞争效应、上下游产业链间的合作与竞争效应、产业间技术人员的流动进一步传播了投资企业所掌握的先进技术，上述活动交互进行，从而带动了国内产业结构升级，如华为技术有限公司、联想控股股份有限公司、中兴通讯股份有限公司等企业均通过对外直接投资获取发达国家的先进技术，在促进自身发展的同时，也带动了产业链的发展。

6.1.1.4 产业关联效应的影响机制分析

在实际生产过程中，某一种产品的生产可能需要多个环节，而不同的生产环节又可能在不同行业中的企业进行。当母国企业进行海外投资时，其面临着东道国中诸多因素的考验，如市场竞争的考验、产品质量的考验、技术水平的考验、文化制度的考验等，因此投资企业为了在东道国求得生存与发展，需要承受各种考验所带来的压力。上述考验在激励投资企业自身提高技术水平、生产服务的同时，也要求国内与投资企业相关联的产业提高配套中间投入品的质量，从而通过产业间供求关联、技术关联等关联方式，产生连环效应带动国内产业结构的优化调整，最终实现产业结构的升级。

6.1.1.5　新兴产业成长的影响机制分析

新兴产业的成长依赖于先进的技术水平、充裕的要素投入及消费者对新产品的认知能力。对发达国家进行投资的企业将获取的先进技术、管理经验带回母国之后，会对母国的企业起到技术上的支持。与此同时，当获取的先进技术逐渐传播并被新兴产业有效利用之后，可以使得其自身研发能力、技术水平大幅度提高，从而加快新兴产业的发展。资源寻求型对外直接投资企业通过获取国内稀缺的资源给予新兴产业生产要素的支持，使得新兴产业的发展不再受资源的限制，从而加快产业结构升级。

6.1.2　计量模型的建立及数据来源

6.1.2.1　数据的来源

此部分的数据来源于 2004～2013 年的《中国统计年鉴》《中国对外直接投资统计公报》《中经网产业数据库》等。其中，《中国对外直接投资统计公报》给出了各省、直辖市当年的对外投资存量；《中国统计年鉴》涵盖了各省区市产出水平、就业人口数量、居民消费水平等指标；而《中经网产业数据库》报告了消费者价格指数、GDP 平减指数、固定资本投资价格指数等。

6.1.2.2　产业结构合理化指数的测算

既有文献中关于产业结构升级的测算方法主要有徐德云（2008）的三次产业加权法，以及干春晖等（2011）基于泰尔指数构造的产业结构合理化指数。徐德云使用的测算产业结构升级的指标过于简化，仅仅反映了三次产业之间的相对权重关系，并没有反映产出与要素投入之间耦合性的关系。故本书借鉴干春晖等（2011）的研究，其将泰尔指数进行了重新定义，所构造的产业结构合理化指数为

$$TI = \sum_{i=1}^{n} \left(\frac{Y_i}{Y} \right) \ln \left(\frac{Y_i}{L_i} \Big/ \frac{Y}{L} \right) \tag{6-1}$$

式中，Y_i 表示某一地区行业 i 的产出；Y 表示某一地区所有行业的全部产出；L_i 表示某一地区行业 i 的就业人数；L 表示某一地区所有行业的就业人数。由式（6-1）可知，TI 的取值位于 0 和 1 之间，若 TI 值越小则表明产业结构越合理，社会经

济趋向于均衡状态；若 TI 值越大，表示当前产业结构不合理，社会经济偏离均衡状态。

与既有文献研究产业结构升级时对产业的分类不同，为了得到更加精确的产业结构合理化指数值，本书根据《中国统计年鉴》中对三次产业的细分，选取了农、林、牧、渔业，制造业，建筑业，交通运输仓储及邮电通信业，批发零售贸易及餐饮业，金融业，房地产业，其他行业等作为测算产业结构合理化指数的行业类别。通过对不同省区市各个行业产出、就业人数等指标数据的处理，本书得出了各个省区市的产业结构合理化指数值。其具体结果见表 6-1。

表 6-1 不同省区市在不同年份的 TI 值

地区	2004 年	2005 年	2006 年	2007 年	2008 年	2009 年	2010 年	2011 年	2012 年	2013 年
安徽	0.462 95	0.462 41	0.366 47	0.366 08	0.376 83	0.349 61	0.324 69	0.320 72	0.309 72	0.373 79
北京	0.167 70	0.159 41	0.091 65	0.111 51	0.122 83	0.113 43	0.113 38	0.103 70	0.115 08	0.175 93
福建	0.347 71	0.327 16	0.242 55	0.223 89	0.223 20	0.247 56	0.258 34	0.273 09	0.271 09	0.296 19
甘肃	0.380 78	0.408 88	0.310 96	0.326 25	0.301 11	0.291 31	0.271 84	0.240 37	0.226 98	0.330 31
广东	0.280 05	0.236 68	0.159 51	0.157 04	0.154 40	0.169 45	0.169 12	0.166 22	0.160 80	0.216 96
广西	0.510 64	0.513 57	0.433 09	0.414 73	0.397 72	0.385 69	0.364 44	0.345 83	0.348 98	0.437 04
贵州	0.543 55	0.529 87	0.448 71	0.475 90	0.476 36	0.436 33	0.410 01	0.425 81	0.458 95	0.443 85
海南	0.397 50	0.222 40	0.227 21	0.229 06	0.202 01	0.187 60	0.171 44	0.159 37	0.140 76	0.239 07
河北	0.579 36	0.552 09	0.445 72	0.429 47	0.410 97	0.359 76	0.363 06	0.373 29	0.367 21	0.412 95
河南	0.563 44	0.562 97	0.472 17	0.517 17	0.498 56	0.507 19	0.477 16	0.495 57	0.504 76	0.532 39
黑龙江	0.253 53	0.268 49	0.175 42	0.170 92	0.130 76	0.134 94	0.109 72	0.117 44	0.118 54	0.151 79
湖北	0.382 10	0.370 85	0.290 82	0.256 52	0.256 98	0.256 49	0.229 90	0.151 68	0.149 72	0.204 56
湖南	0.549 81	0.574 88	0.419 48	0.438 87	0.443 28	0.407 43	0.421 92	0.392 33	0.421 71	0.401 42
吉林	0.260 22	0.282 07	0.192 03	0.197 22	0.201 86	0.202 76	0.189 77	0.181 83	0.192 59	0.244 19
江苏	0.443 09	0.301 71	0.205 15	0.221 74	0.223 08	0.180 06	0.172 61	0.162 40	0.177 92	0.201 24
江西	0.396 21	0.315 97	0.262 63	0.307 95	0.305 87	0.304 97	0.281 80	0.276 84	0.298 87	0.369 10
辽宁	0.278 26	0.247 75	0.138 29	0.150 42	0.139 35	0.167 03	0.166 27	0.155 86	0.145 07	0.182 92
内蒙古	0.351 06	0.406 81	0.294 63	0.317 11	0.305 38	0.288 63	0.242 73	0.223 85	0.208 72	0.200 99
宁夏	0.276 02	0.273 59	0.210 15	0.198 64	0.194 61	0.177 35	0.144 70	0.149 68	0.126 66	0.155 70
青海	0.322 25	0.313 22	0.239 16	0.267 70	0.237 50	0.257 74	0.251 19	0.247 21	0.229 78	0.221 09
山东	0.583 48	0.523 71	0.329 12	0.335 66	0.319 89	0.326 49	0.313 94	0.311 15	0.319 94	0.334 44
山西	0.357 07	0.312 30	0.226 66	0.220 67	0.223 69	0.194 29	0.176 76	0.193 84	0.194 26	0.213 87
陕西	0.402 54	0.398 73	0.326 94	0.319 32	0.294 15	0.271 14	0.255 49	0.253 46	0.254 31	0.333 88

地区	2004 年	2005 年	2006 年	2007 年	2008 年	2009 年	2010 年	2011 年	2012 年	2013 年
上海	0.244 15	0.219 45	0.084 93	0.120 56	0.148 13	0.064 72	0.077 08	0.088 58	0.090 17	0.173 95
四川	0.532 03	0.557 80	0.498 05	0.481 65	0.504 29	0.526 34	0.493 80	0.447 15	0.465 57	0.496 59
天津	0.247 77	0.232 40	0.128 53	0.111 85	0.114 21	0.143 14	0.131 61	0.140 77	0.142 57	0.140 11
新疆	0.246 55	0.253 98	0.194 08	0.213 27	0.185 90	0.223 73	0.187 82	0.200 65	0.156 24	0.182 86
云南	0.445 91	0.400 19	0.266 41	0.248 27	0.341 80	0.270 93	0.237 96	0.286 83	0.278 54	0.341 35
浙江	0.505 83	0.475 80	0.340 62	0.320 90	0.309 29	0.271 48	0.274 42	0.289 92	0.292 71	0.324 10
重庆	0.488 93	0.442 25	0.378 89	0.331 96	0.332 00	0.334 70	0.337 16	0.317 08	0.388 99	0.381 68

表 6-1 给出了不同省区市在 2004~2013 年产业结构合理化指数变动情况，可以看出北京、福建、广东、海南、江苏、辽宁、上海、天津等东部沿海地区产业结构合理化指数值较低，说明其产业结构配置较为合理；然而甘肃、广西、贵州、河南、陕西、四川、云南、重庆等中西部地区的产业结构合理化指数值较高，说明其产业结构配置有待于改善。还可以发现，东部地区的浙江、河北等省产业结构合理化指数偏高，说明其虽然为经济大省，但其经济增长可能并不是由产业结构合理化所引致的。西部地区的新疆、宁夏虽然经济增长相对较慢，但其产业结构布局较为合理。

6.1.2.3　基本计量模型的建立及变量解释

测算出不同省区市的产业结构合理化指数之后，本书给出了后续实证检验中所需的基本计量模型，具体形式可以表示为

$$\text{TI}_{it} = \beta_1 \text{ofdi}_{it} + \beta_2 \text{pgdp}_{it} + \beta_3 \text{fixasset}_{it} + \beta_4 \text{rd}_{it} \\ + \beta_5 \text{fin}_{it} + \beta_6 \text{HC}_{it} + \beta_7 \text{trade}_{it} + \beta_8 \text{fdi}_{it} + u_i + \varepsilon_{it} \tag{6-2}$$

式（6-2）中等式右边为影响产业结构升级的解释变量，其含义及量化方法如下。

ofdi_{it} 表示 i 省区市 t 年份的对外直接投资存量。《中国对外直接投资统计公报》报告了不同年份各个省区市的对外直接投资存量，本书将对外直接投资存量取对数后作为回归模型中的核心解释变量。

pgdp_{it} 表示 i 省区市 t 年份的经济发展水平（人均 GDP）。凯恩斯的消费理论认为消费是收入的函数，即随着可支配收入的增加，居民的消费水平会随着增加。当消费结构从基本需求的消费到耐用产品的消费，再到教育、文化、娱乐等服务的消费变化时，为了迎合消费结构的变化，产业结构也要进行相应的调整（Annabi，

2009；徐春华，2013），这说明人均收入水平的变化会对产业结构的调整产生影响。本书使用各省区市人均 GDP 来表示经济发展水平，考察收入水平的变化对产业结构的影响方向。由于《中国统计年鉴》没有直接给出人均 GDP，故使用不同省区市实际总产出与总人口数的比值来表示人均 GDP，其中实际总产出为名义总产出经过 GDP 平减指数折算得到。

fixasset$_{it}$ 表示 i 省区市 t 年份固定资产投资存量。固定资产投资是资本要素在不同产业的配置，资本要素往往流向具有比较优势的产业，通过合理分配带动产业结构升级。《中国统计年鉴》仅仅汇报了各省区市的当年投资流量，并没有给出对应的存量。为了计算出不同年份各省区市的固定资产投资存量，本书采用了大多数研究中所使用的永续盘存法。借鉴叶宗裕（2010）、叶明确（2012）等的研究假定，即资本效率采取几何递减模式，使重置率和折旧率相等，永续盘存法的基本公式可以表示为 $K(t) = I(t) + (1-\delta)K(t-1)$。其中，$K(t)$ 为 t 年末各省区市实际固定资产投资存量；$I(t)$ 为 t 年末各省区市实际固定资产投资量；$K(t-1)$ 为 $t-1$ 年末各省区市实际固定资产投资存量；δ 为固定资本折旧率，沿用大多数文献对折旧率的选取，本书也选取了张军等（2004）计算得到的各省区市固定资产折旧率9.6%。《中国统计年鉴》并没有给出初始年份的资产存量，对于初始资产存量的获取采用 Hall 和 Jones（1998）对初始年份固定资产存量的计算公式 $I/(g+\delta)$ 来得到。其中，I 为初始年份的固定资产流量名义值；δ 仍为固定资产折旧率，这里选取了初始年份的资本折旧率来替代；g 为固定资产投资年均几何增长率，仍然借鉴叶明确（2012）的做法，选取不同省区市初始年份的 GDP 增长率来替代。《中国统计年鉴》给出了各个省区市每一年的固定资产投资流量，本书使用固定资产投资价格指数将其转化为实际值，并以 2004 年为初始年份，按照上述步骤，计算出了不同年份不同省区市的固定资产投资存量实际值。

rd$_{it}$ 表示 i 省区市 t 年份政府的研发投入。研发投入力度越大，技术水平提升越快，创新能力也会得到提升；新技术的应用可以引导传统产业向高新技术产业演化，从而推动产业结构升级。对于研发支出的测算，本书使用政府财政支出中用于科学研究的部分来表示。

fin$_{it}$ 表示 i 省区市 t 年份金融发展水平。一般来说，金融市场运行机制越完善，则资源配置效率越高，企业信贷约束阻碍越小。高效的资金流通有利于企业的生存与发展，从而带动整个行业结构的变动。对于金融发展水平的测算，Goldsmith（1969）曾提出金融相关比率指标，用金融资产总量与当地 GDP 的比来表示。以此为基础，并基于数据的可获得性，本书使用各省区市金融机构贷款余额与当地 GDP 的比率来表示金融发展水平。

HC$_{it}$ 表示 i 省区市 t 年份人力资本存量。对于人力资本存量的测算，既有研究多采用教育基尼系数来表示。借鉴既有研究对人力资本存量的计算方法，本书使用不同教育层次下教育年限的加权和来表示人力资本存量，具体的计算公式为 $HC_{it} = \sum_{j=1}^{n} EY_{itj} \cdot m_{itj}$，其中 EY_{itj} 为 i 省区市 t 年份 j 学历的受教育年限，m_{itj} 为 j 学历的人数在当地总人口数中所占的比重。教育基尼系数沿用了收入基尼系数这一定义，教育基尼系数同样处于 0～1 之间，其值越大，表示教育资源分配越不平等。

trade$_{it}$ 表示 i 省区市 t 年份的对外贸易额。李嘉图的比价优势理论说明了一国出口具有比较优势的产品，同时进口比较劣势的产品。通过产品生产的国际分工与合作，可以促使要素向优势产业转移，从而带动产业结构升级。

fdi$_{it}$ 表示 i 省区市 t 年份的实际利用外资量。外商可以利用中国充裕、廉价的劳动力以及初级生产要素进行生产，同时将先进技术带入中国，促进要素的转移；当要素逐步从落后产业转移到朝阳行业，国内产业结构得到优化。fdi$_{it}$ 的测算方法为将各省区市实际利用外资额先通过每一年的实际汇率进行转换，再取对数来表示。

u_i 表示 i 省区市影响产业结构升级的固定效应；ε_{it} 表示扰动项。

6.1.3　全样本估计结果与内生性检验

6.1.3.1　全样本回归结果及其分析

在上述数据处理及解释变量选取的基础上，本书首先使用混合 OLS（ordinary least squares，普通最小二乘法）、固定效应模型、随机效应模型等分别对式（6-2）进行回归分析，初步检验对外直接投资对产业结构合理化指数的影响方向，估计结果见表 6-2。

表 6-2　全样本回归结果

变量	TI（混合 OLS）	TI（固定效应）	TI（随机效应）
ofdi	−0.020 72*** (−4.28)	−0.000 55 (−0.12)	−0.009 15** (−2.11)
pgdp	−0.002 20 (−0.37)	−0.022 31*** (−3.98)	−0.008 16 (−1.24)
fixasset	0.012 38 (0.56)	−0.032 96 (−1.69)	−0.052 71** (−2.26)
rd	0.000 36 (0.18)	−0.002 27** (−2.47)	−0.001 25 (−1.06)
fin	−0.057 34*** (−2.58)	−0.116 05*** (−3.68)	−0.043 60 (−1.24)
HC	0.049 10*** (4.99)	−0.038 48*** (−3.31)	−0.027 14** (−2.32)

变量	TI（混合 OLS）	TI（固定效应）	TI（随机效应）
trade	0.199 76*** （7.62）	−0.077 68* （−1.71）	0.062 20 （1.24）
fdi	−0.019 80*** （−2.76）	0.014 57 （1.39）	0.014 16* （1.82）
cons	0.857 51*** （5.41）	1.095 56*** （6.08）	0.977 38*** （6.61）

注：圆括号中表示检验 t 值

***表示统计量在 1%的显著性水平上显著；**表示统计量在 5%的显著性水平上显著；*表示统计量在 10%的显著性水平上显著

混合 OLS、固定效应、随机效应三种回归结果显示：对外直接投资存量（ofdi）抑制了产业结构合理化指数的增加，说明随着对外投资存量的增加，产业结构合理化指数有下降的趋势，但固定效应回归下其系数值并不显著；经济发展水平（pgdp）与产业结构合理化指数负相关，但仅仅在固定效应回归下其系数值显著；固定资产投资存量（fixasset）在随机效应回归下对产业结构合理化指数起到了显著的逆向作用；研发投入（rd）在固定效应回归下对产业结构合理化指数具有显著的逆向影响；不同回归方法下金融发展水平（fin）与产业结构合理化指数呈现负相关关系，且在随机效应下其系数值不显著；不考虑个体效应混合 OLS 回归下，人力资本存量（HC）与产业结构合理化指数呈现正相关的关系，考虑个体效应的固定效应回归及随机效应回归下，人力资本存量（HC）与产业结构合理化指数呈现负相关的关系；对外贸易额（trade）在混合 OLS 回归下与产业结构合理化指数显著的正相关，在固定效应回归下与产业结构合理化指数负相关，在随机效应回归下其关系并不确定；外资利用量（fdi）在混合 OLS 回归下抑制了产业结构合理化，固定效应回归下系数值并不显著，在随机效应下呈促进作用。

6.1.3.2 内生性检验及其分析

在既有研究中关于经济发展水平（pgdp）对经济增长、产业结构升级的正向促进作用基本达成了共识。然而也有一些学者提出产业结构升级同样有利于经济快速发展、人均产出的增加。例如，Peneder（2002）认为不同层次产业的生产率存在差异，生产要素会向生产率水平较高的产业转移，在推动经济发展的同时提高了人均产出；苏建军等（2014）、王振华等（2015）的研究也表明产业结构升级是经济增长的核心，产业结构升级对经济发展水平有显著的促进作用。

除了经济发展水平（pgdp）与产业结构升级之间存在相互作用关系外，还有一些学者的研究表明金融发展水平（fin）也可以促进产业结构升级。其中苏建军等（2014）的研究表明产业结构升级与金融发展水平存在着较强的相互促进作用；陈时兴（2011）通过格兰杰因果检验得出金融发展水平与产业结构升级的短期和长期均衡关系。

对外直接投资存量（ofdi）通过技术获取、资源寻求等方式促进产业结构向合理化方向调整，而反过来产业结构的优化升级会进一步提高国内企业的核心竞争力，有利于其"走出去"并进行对外投资。

上述分析表明，经济发展水平、金融发展水平、对外直接投资存量等变量与产业结构升级之间可能存在着双向因果关系，因此式（6-2）中可能存在内生性问题。为了确定内生解释变量的存在，本书对式（6-2）进行了 Hausman检验，检验结果的 p 值为 0.0979，故可以认为在 10% 的显著性水平上拒绝"所有解释变量均外生"的原假定。再结合既有文献的研究，有理由认为经济发展水平、金融发展水平、对外直接投资存量等变量为式（6-2）中的内生解释变量。

内生性问题的解决主要是寻找有效的工具变量来替代内生解释变量。对于有效工具变量的选取，本书借鉴了 Wooldridge（2002）的研究方法。其一般思路为：当解释变量满足关系式 $\ln X_{it} = \ln X_{it-1} + \varepsilon_{it}$，且有 $E(\ln X_{it-1}\varepsilon_{it}) = 0$，即滞后一期的解释变量与当期的解释变量相关，但与当期扰动项不相关，那么可以使用滞后一期的解释变量作为当期解释变量的工具变量，从而解决回归模型中存在的内生性问题。本书选取对外直接投资存量（ofdi）的一阶、二阶滞后作为其工具变量，选取经济发展水平（pgdp）的一阶滞后作为其工具变量，以及选取金融发展水平（fin）的一阶滞后作为其工具变量。加入工具变量后，式（6-2）变成式（6-3）

$$\mathrm{TI}_{it} = \beta_1 \mathrm{ofdi}_{it-1} + \beta_2 \mathrm{ofdi}_{it-2} + \beta_3 \mathrm{pgdp}_{it-1} + \beta_4 \mathrm{fixasset}_{it} + \beta_5 \mathrm{rd}_{it}$$
$$+ \beta_6 \mathrm{fin}_{it-1} + \beta_7 \mathrm{HC}_{it} + \beta_8 \mathrm{trade}_{it} + \beta_9 \mathrm{fdi}_{it} + u_i + \varepsilon_{it} \tag{6-3}$$

式中，ofdi_{it-1}、ofdi_{it-2} 分别表示滞后一期、滞后二期的对外直接投资变量；pgdp_{it-1} 表示滞后一期的经济发展水平；fin_{it-1} 表示滞后一期的金融发展水平，其余解释变量的意义与式（6-2）相同。

对于所选取的工具变量，本书依次使用两阶段最小二乘（two stage least square，2SLS 或者 TSLS）、有限信息最大似然（limited information maximum likelihood，LIML）、GMM 等处理内生性的方法来检验回归模型式（6-3）。回归结果见表 6-3。

表 6-3　内生性检验的回归结果

变量	TI（2SLS）	TI（LIML）	TI（GMM）
ofdi	−0.033 28*** (−3.64)	−0.033 29*** (−3.69)	−0.033 60*** (−3.68)
pgdp	−0.014 71** (−2.26)	−0.014 71* (−1.71)	−0.014 55** (−2.24)
fixasset	−0.045 69* (−1.83)	−0.045 69** (−2.03)	−0.047 43* (−1.91)
rd	0.002 22 (1.01)	0.002 22 (0.98)	0.002 06 (0.94)
fin	0.064 16*** (3.13)	0.064 16*** (2.91)	0.062 54*** (3.08)
HC	0.073 94*** (6.53)	0.073 94*** (5.97)	0.074 06*** (6.53)
trade	0.026 05* (1.79)	0.026 06* (1.74)	0.026 91* (1.86)
fdi	−0.010 48 (−0.95)	−0.010 49 (−0.87)	−0.011 13 (−1.01)
cons	0.294 28 (1.64)	0.294 26* (1.65)	0.299 91*** (1.67)

注：2SLS、LIML、GMM 回归系数下面括号中为统计量 z 值

***表示统计量在 1%的显著性水平上显著；**表示统计量在 5%的显著性水平上显著；*表示统计量在 10%的显著性水平上显著

表 6-3 中第二列为 2SLS 回归结果。为了检验工具变量在 2SLS 回归中的有效性，需要对工具变量进行过度识别检验及不可识别检验。过度识别检验结果为 $\chi^2(1) = 0.3281$，即自由度为 1 的卡方统计量为 0.3281，对应的 p 值为 0.5668，不能拒绝"工具变量为外生"的原假设；不可识别检验的 Anderson LM 统计量的 p 值为 0.0000，强烈拒绝"不可识别"的原假设，综合可知所选取的工具变量为有效的工具变量。虽然 2SLS 参数估计值是一致估计，但却是有偏的，由弱工具变量的存在而引起的"显著性水平扭曲"可能导致回归结果并不稳健。为了进一步证实所选取的工具变量中无弱工具变量，本书引入了 LIML 法对式（6-3）进行检验，其回归结果为表 6-3 中的第三列。从回归结果可以发现 LIML 系数估计值及其显著水平与 2SLS 系数估计值及其显著水平基本一致，通过改变回归方法同样证明了工具变量的有效性。

不管是 2SLS 还是 LIMI 均假定扰动项服从独立同分布，然而由于不同省区市所固有的特征差异，样本中个体的扰动项并不一定满足独立同分布的假定，为了解决这一问题需要进一步引入 GMM。对于异方差的处理，相比于 2SLS 与 LIMI，GMM 结果更加稳健。表 6-3 中的最后一列为 GMM 估计结果，解释变量系数估计

值的显著性水平及符号并没有发生明显变化，仅仅是系数估计值的大小发生了微小的变化，这说明即使样本中个体存在异方差，回归结果仍然稳健。

表 6-3 中不同回归方法下的回归结果均显示，在排除内生性的干扰后对外直接投资存量（ofdi）对产业结构升级起到了显著的促进作用，对外投资额每增加 1%，产业结构合理化指数值降低 0.033%左右，即产业结构趋向合理化方向变动 0.033%。经济发展水平（pgdp）对产业结构升级起到了正向的促进作用，说明随着经济的快速发展，居民可支配收入会提高，居民的消费支出开始表现为对高新技术产品及服务产品的购买，从而推动供应侧的变动，实现产业结构升级。固定资产投资存量（fixasset）至少在 10%的显著性水平上能促进产业结构的优化调整，资本作为企业生产的主要投入要素之一，其投向及其数量往往决定着整个行业的发展趋势，随着资本在某一行业投入数量的不断增加，该行业会逐步向资本密集型转移。

研发投入（rd）与产业结构合理化指数表现出正相关关系，但统计意义并不显著，其原因可能是各省区市研发投入强度不够，或研发投入转化为先进技术的效率不高，并没有促进产业结构升级。金融发展水平（fin）与产业结构合理化指数正相关，可以认为过快的金融市场发展并不利于产业结构调整，主要是由于金融资本大部分流向了具有比较优势的行业，而流向高新技术及服务行业较少。人力资本存量（HC）也没有优化产业结构，从事低技术行业的工人仍较多，因而并不利于产业结构的优化。对外贸易额（trade）在 10%的显著性水平上与产业结构合理化指数正相关，我国以加工贸易为主，从事高附加值中间品的进口，低附加值产品的出口，具有比较优势的企业更容易存活与发展，因此没有带动产业结构升级。外资利用量（fdi）与产业结构合理化指数正相关，但其系数并不显著，具体的影响关系有待于进一步检验。

6.1.4　对外直接投资对产业结构升级滞后效应的检验

企业进行对外直接投资时，资金的筹集、东道国的选取、投资模式的选择、人员的派遣、当地子公司的建立等都需要一定的时间来安排；国际子公司处理与当地政府的关系，与当地企业开展合作、竞争等经营模式，并将获取的技术、资源等返回国内母公司也需要时间；国内母公司又通过企业合作效应、企业竞争效应、企业关联效应等推动国内产业结构升级也需要时间。这说明对外直接投资在带动产业结构升级的同时，也存在滞后效应（潘素坤，2014）。基于此，本书下面进一步通过动态分析对对外直接投资对产业结构升级的滞后效应进行检验。

这里的动态分析是指将对外直接投资存量（ofdi）滞后若干期，考察当期的对外直接投资对未来几期内产业结构升级的影响。首先通过 F 检验在混合回归（OLS）以及固定效应（FE）回归之间进行选择，检验结果表明不同滞后期的回归模型中 F 统计量对应的 p 值均为 0.0000，故强烈拒绝了"不存在个体效应"的原假设，固定效应回归优于混合（OLS）回归；通过 Hausman 检验，不同滞后期的回归模型中卡方统计量对应的 p 值为 0.0000，强烈拒绝了"个体效应与解释变量不相关"的原假定，说明相比于随机效应，固定效应能够得到一致的估计结果。为了控制内生变量的存在对回归结果可能引起的偏差，仍使用滞后一期的经济发展水平（pgdp）、金融发展水平（fin）作为其代理变量，回归结果见表 6-4。

表 6-4 对外直接投资对产业结构升级的动态效应

变量	（1）	（2）	（3）	（4）	（5）
ofdi	−0.012 19[*] (−1.91)				
Lofdi		−0.011 27[**] (−2.15)			
L2ofdi			−0.010 99[**] (−2.44)		
L3ofdi				−0.009 25[*] (−1.71)	
L4ofdi					0.000 96 (0.12)
Lpgdp	−0.024 67[***] (−3.32)	−0.024 41[***] (−3.31)	−0.031 53[***] (−3.88)	−0.036 93[***] (−3.83)	−0.046 92[***] (−4.25)
fixasset	−0.052 37[**] (−2.27)	−0.052 60[**] (−2.36)	−0.059 85[**] (−2.65)	−0.072 97[***] (−2.88)	−0.092 63[***] (−3.38)
rd	−0.002 64[***] (−2.75)	−0.002 54[***] (−2.85)	−0.003 20[***] (−3.57)	−0.003 23[***] (−3.90)	−0.003 02[***] (−3.71)
Lfin	−0.034 27 (−1.27)	−0.037 12 (−1.43)	0.018 04 (0.42)	0.030 32 (0.65)	0.050 09 (0.92)
HC	−0.024 21[*] (−1.72)	−0.023 21 (−1.67)	−0.015 14 (−1.16)	−0.011 04 (−0.91)	−0.006 46 (−0.47)
trade	0.012 09 (0.65)	0.011 45 (0.65)	0.000 77 (0.04)	−0.000 05 (−0.00)	−0.003 17 (−0.15)
fdi	−0.003 86 (−0.40)	−0.005 31 (−0.61)	−0.012 76 (−0.93)	−0.010 01 (−0.49)	−0.010 92 (−0.48)
cons	1.161 06[***] (5.55)	1.173 40[***] (5.74)	1.384 31[***] (5.09)	1.321 89[***] (3.36)	1.277 12[***] (2.89)

注：圆括号中表示检验 t 值

[***]表示统计量在1%的显著性水平上显著；[**]表示统计量在5%的显著性水平上显著；[*]表示统计量在10%的显著性水平上显著

　　表 6-4 中的回归结果显示，对外直接投资存量（ofdi）对当期的产业结构升级促进作用最强，其系数绝对值为 0.012 19；对第二期、第三期产业结构升级的影响程度依次下降，但统计意义更加显著，说明对外直接投资存量对产业结构的优化确实存在滞后效应，但其作用强度随着时间的推移表现出下降的趋势；第四期对外直接投资存量与产业结构合理化指数仍在 10% 的显著性水平上负相关，但其影响程度仍在变小，作用效果进一步减弱；第五期对外直接投资存量对产业结构合理化指数的影响不再显著。上述结果表明对外直接投资存量对产业结构升级的影响确实存在滞后效应，且促进作用可以持续到第四期，之后不再具有持续性。

　　当使用固定效应进行回归时，经济发展水平（pgdp）、固定资产投资存量（fixasset）与产业结构合理化指数负相关，与上述工具变量法的回归结果相一致，经济的快速发展、固定资本存量的增加能够显著地促进产业结构优化升级。研发投入（rd）的增加显著降低了产业结构合理化指数，有利于产业结构升级，各省区市都在加大研发投入、建立高新产业园区、发展高新行业、优化产业结构。金融发展水平（fin）对产业结构合理化指数的影响不再显著，且在不同滞后期的回归模型中，其系数值发生了由负到正的变化。人力资本存量（HC）及对外贸易额（trade）的回归系数并不显著，具体的作用关系还有待于进一步的检验。外资利用量（fdi）的系数值为负，但并不显著，无法判断其对产业结构升级是促进还是抑制作用。

6.1.5　对外直接投资对产业结构升级影响的动态面板回归

6.1.5.1　动态面板回归模型的建立

　　产业结构升级是一个动态演化的过程，不能够一蹴而就。也就是说当期产业结构的调整与优化可能依赖于前一期的产业结构，即前一期的产业结构是当期产业结构升级的基础，当期产业结构的升级又是前一期产业结构的延续。汪海波（2014）在世界产业结构升级的历史论述中说明了产业结构升级是在原有产业结构基础上进一步改造、发展而来的。现有研究中多是考察产业结构升级的影响因素，关于前期的产业结构对当期产业结构调整的影响研究较少。若当期的产业结构取决于前期产业结构，回归模型中前一期产业结构这一遗漏变量的存在很可能导致前面所使用的 2SLS、GMM 的回归结果不能收敛到其真实值。因此，为了更精确地考察对外直接投资存量对产业结构升级的影响，将产业结构合理化指数的滞后项作为解释变量，并使用动态面板回归模型估计对外直接投资存量及前一期产业结构发展水平对当期产业结构升级的影响。

在式（6-3）的基础上，所建立的动态面板回归模型为

$$\text{TI}_{it} = \rho\text{TI}_{it-1} + \beta_1\text{ofdi}_{it} + \beta_2\text{pgdp}_{it} + \beta_3\text{fixasset}_{it} + \beta_4\text{rd}_{it}$$
$$+ \beta_5\text{fin}_{it} + \beta_6\text{HC}_{it} + \beta_7\text{trade}_{it} + \beta_8\text{fdi}_{it} + u_i + \varepsilon_{it} \tag{6-4}$$

式中，TI_{it-1} 表示 $t-1$ 期的产业结构合理化指数；ρ 表示 $t-1$ 期的产业结构合理化指数对 t 期产业结构合理化指数的影响程度。很显然 TI_{it-1} 也会导致内生性问题的存在，对其处理方法主要有 Anderson 和 Hsiao（1981）提出的差分 GMM 法以及 Blundell 和 Bond（1998）提出的系统 GMM 法。

其中差分 GMM 是指对式（6-4）先进行一阶差分，得到：

$$\Delta\text{TI}_{it} = \rho\Delta\text{TI}_{it-1} + \beta_1\Delta\text{ofdi}_{it} + \beta_2\Delta\text{pgdp}_{it} + \beta_3\Delta\text{fixasset}_{it} + \beta_4\Delta\text{rd}_{it}$$
$$+ \beta_5\Delta\text{fin}_{it} + \beta_6\Delta\text{HC}_{it} + \beta_7\Delta\text{trade}_{it} + \beta_8\Delta\text{fdi}_{it} + \Delta\varepsilon_{it} \tag{6-5}$$

通过一阶差分消去个体效应 u_i 的影响。然而由于 $\Delta\text{TI}_{it-1} = \text{TI}_{it-1} - \text{TI}_{it-2}$ 与扰动项差分 $\Delta\varepsilon_{it} = \varepsilon_{it} - \varepsilon_{it-1}$ 依然相关（TI_{it-1} 与扰动项 ε_{it-1} 相关），ΔTI_{it-1} 仍为内生变量。Anderson 等认为，当假定扰动项序列 $\{\varepsilon_{it}\}$ 不存在自相关时，使用被解释变量的二阶滞后作为其工具变量，即将 TI_{it-2} 作为 ΔTI_{it-1} 的工具变量，可消除内生性的影响。因为 ΔTI_{it-1} 中含有 TI_{it-2} 这一项，故 ΔTI_{it-1} 与 TI_{it-2} 相关，又因为 TI_{it-2} 仅依赖于 ε_{it-2}，当序列 $\{\varepsilon_{it}\}$ 不存在自相关时，ε_{it-2} 与 ε_{it-1}、ε_{it} 不相关，从而 TI_{it-2} 与扰动项差分 $\Delta\varepsilon_{it} = \varepsilon_{it} - \varepsilon_{it-1}$ 不相关，其为有效的工具变量。

系统 GMM 是将差分 GMM 与水平 GMM 组合起来作为一个方程系统进行回归分析。相比于差分 GMM，系统 GMM 的估计结果更为有效。

6.1.5.2　回归结果及分析

当使用差分 GMM 及系统 GMM 对式（6-5）分别进行估计时，其结果见表 6-5。

表 6-5　差分 GMM 及系统 GMM 估计结果

变量	差分 GMM（1）	差分 GMM（2）	系统 GMM（1）	系统 GMM（2）
L1.TI	0.302 40*** （5.21）	0.100 37 （1.49）	0.705 74*** （13.55）	0.512 19*** （8.37）
L2.TI		0.067 18 （0.81）		0.374 53*** （5.50）
ofdi	−0.022 66** （−2.41）	−0.023 50** （−2.07）	−0.036 47*** （−5.35）	−0.029 32*** （−3.14）
pgdp	−0.017 93*** （−4.48）	−0.022 98*** （−6.16）	−0.011 15*** （−2.87）	−0.018 57*** （−3.72）

变量	差分 GMM（1）	差分 GMM（2）	系统 GMM（1）	系统 GMM（2）
fin	−0.085 48* （−1.91）	−0.098 12* （−1.75）	0.021 84* （1.67）	0.012 16 （0.40）
fixasset	−0.057 31*** （−3.81）	−0.083 95*** （−4.05）	−0.040 0* （−1.88）	−0.056 10*** （−2.81）
rd	−0.005 29*** （−6.10）	−0.006 17*** （−6.65）	−0.003 88*** （−8.41）	−0.004 43*** （−4.97）
HC	−0.023 69*** （−12.47）	−0.021 59*** （−5.95）	0.006 67 （1.08）	0.004 35 （0.80）
trade	0.033 30*** （2.88）	0.035 49** （2.32）	0.042 69*** （5.76）	0.039 30*** （4.37）
fdi	−0.002 61 （−0.42）	−0.009 06 （−1.26）	−0.005 91 （−1.10）	−0.006 62 （−1.50）
cons	0.769 83*** （3.98）	1.021 71*** （4.36）	0.120 17 （1.16）	0.048 70 （0.57）

注：圆括号中表示检验 t 值

***表示统计量在 1%的显著性水平上显著；**表示统计量在 5%的显著性水平上显著；*表示统计量在 10%的显著性水平上显著

表 6-5 中的第二列、第三列为当采用差分 GMM 进行估计时，解释变量中包含被解释变量的一阶滞后及二阶滞后时的回归结果；第四列、第五列为当采取系统 GMM 时，解释变量中包含被解释变量的一阶滞后及二阶滞后时的回归结果。

表 6-5 中的第二列、第四列回归结果表明在差分 GMM 及系统 GMM 下，作为解释变量的被解释变量一阶滞后项与产业结构合理化指数为正相关的关系，即当期产业结构调整取决于前一期产业结构发展水平。前一期产业结构得到优化，当期产业结构会进一步优化；如果前一期产业结构恶化，当期产业结构会进一步恶化。表 6-5 中第三列、第五列回归结果表明，当使用滞后两期的被解释变量作为解释变量时，滞后两期的产业结构合理化指数与当期的产业结构合理化指数依然呈现正相关的关系。这和现实经济环境也是相符合的，长期以来我国一直在倡导要深化产业结构改革，但传统产业所占的主导地位使得产业结构改革并不是一帆风顺的，主要原因是前一期产业结构的不合理使得当期产业结构调整变得异常艰难。

不同回归方法下的对外直接投资存量（ofdi）系数仍然显著为负，说明当使用动态面板回归模型，并排除了遗漏变量的问题之后，对外直接投资存量对产业结构优化也起到了显著促进作用，即对外直接投资存量有利于产业结构的调整，在对外贸易额持续走低的形势下，政府应该鼓励企业"走出去"进行海外投资。

相比于差分 GMM，系统 GMM 所得出的对外直接投资存量系数绝对值更大，且更显著，说明在系统 GMM 回归下其影响效果更强。

在动态面板回归模型下，经济发展水平（pgdp）、固定资产投资存量（fixasset）、研发投入（rd）均与产业结构合理化指数负相关，即经济发展较快、固定资产投资存量增加、研发投入的增加对产业结构升级会起到促进作用；金融发展水平（fin）及人力资本存量（HC）在不同的回归方法下对产业结构合理化的作用方向存在差异；对外贸易额（trade）总量的增加引致了产业结构合理化指数的增加，即抑制了产业结构的升级；四种形式下的外资利用量（fdi）系数符号均为负，但统计意义并不显著，有待于进一步检验。

6.2　企业对外直接投资与产品技术复杂度的分析

对外直接投资的动机又称投资目的，主要说明影响企业进行海外直接投资的因素，也即企业为什么要选择在境外进行投资。企业对外直接投资活动对出口产品技术水平的作用，通常受到投资动机（蒋冠宏和蒋殿春，2014；葛顺奇和罗伟，2013；刘海云和毛海鸥，2016）的影响。按照不同的投资动机，非经营型对外直接投资一般是企业国际化初级阶段选择，这一方式的对外投资主要为企业在海外建立国际战略部门进行企业出口或者投资的市场调研和信息收集；贸易销售型对外直接投资多为企业在东道国取得更加良好的服务出口而设立销售机构，职能包括品牌推广、渠道建设、市场营销、售后服务等；研发加工型对外直接投资为企业在东道国进行产品的研发、加工、生产、组装或制造；多样化对外直接投资企业是既进行贸易、销售，又从事新产品的研发、加工、生产、组装或制造。本书在此部分将从对外直接投资对企业出口产品技术的影响的角度进行分析。

6.2.1　模型建立与数据来源

6.2.1.1　模型设定

为从实证角度检验对外直接投资对产品出口技术复杂度的影响，在上述理论分析与假设框架上，借鉴 Javorcik（2004）和陈俊聪（2015）的建模思路，将基准计量模型设定如下

$$\ln expy_{it} = \beta_0 + \beta_1 ofdi_{it} + \beta_2 tfr + \beta_3 \exp s + \beta_4 wage + \beta_5 \ln X_{it} + \lambda_i + \varphi_t + \varepsilon_{it} \quad (6\text{-}6)$$

式中，i 和 t 分别表示企业和时间；λ_i 代表个体效应；φ_t 代表时间效应；ε_{it} 表示模型随机误差项；lnexpy 表示对数化后的企业层面出口技术复杂度；ofdi 代表对

外直接投资变量，是本节内容的主要解释变量；tfr 表示全要素生产率；exps 表示出口密集度；wage 表示平均工资；X 表示模型的其他控制变量，包含资本密集度、企业规模、企业年龄、企业利润率、融资约束等。

6.2.1.2 指标设计与说明

企业的出口产品技术水平。本书用企业层面出口技术复杂度（expy）代替。首先，借鉴 Haussmann 等（2005）和陈俊聪（2015）的做法计算产品层面的出口技术复杂度指数：

$$PRODY_t^h = \sum_j \frac{EX_{it}^h/EX_{it}}{\sum_h \left(EX_t^h/EX_t\right)} \times PGDP_{jt} \tag{6-7}$$

式中，$PRODY_t^h$ 表示在第 t 年第 h 种产品的出口技术复杂度，由出口 h 产品的所有国家人均 GDP 的加权和构成；EX_t^h 表示在第 t 年第 h 产品的出口额；EX_t 表示在第 t 年的出口总额；EX_{it}^h 表示企业 i 在第 t 年第 h 产品的出口额；EX_{it} 表示企业 i 在第 t 年的出口总额；$PGDP_{jt}$ 表示国家 j 在第 t 年的人均 GDP，数据来源于世界银行发展指标数据库。

国家层面的出口技术复杂度：

$$EXPY_j = \sum_i X_{ij}/X_j \times PRODY_i \tag{6-8}$$

式中，j 表示国家（地区）；i 表示某一种产品；权重 X_{ij}/X_j 为该国家（地区）某一种产品出口额占该国（地区）出口总额的比重；X_{ij} 表示 j 国家（地区）i 产品额；X_j 表示 j 国家（地区）出口总额。

行业层面出口技术复杂度：

$$EXPY_{kj} = \sum_k X_{ij} / X_{kj} \times PRODY_i \tag{6-9}$$

式中，X_{kj} 表示 j 国家（地区）k 行业的出口总额；j 表示国家；k 表示行业；i 表示某一种产品，且该产品属于 k 行业。权重 X_{ij}/X_{kj} 为某一行业内某种产品的出口份额占该行业的比例。

企业层面出口技术复杂度：

$$EXPY_{it} = \sum_{ht} \left(\frac{EX_{iht}}{\sum_{ht} EX_{iht}} \times PRODY_t^h \right) \tag{6-10}$$

式中，$EXPY_{it}$ 表示 i 企业在第 t 年的出口技术复杂度；EX_{iht} 表示企业 i 第 t 年产品 h 的出口，$\sum_{ht} EX_{iht}$ 代表企业 i 第 t 年出口总额。

由于无法获得企业对外直接投资的具体金额数据，因此本书构建对外直接投资的 0-1 虚拟变量，作为主要解释变量。如果企业 i 有海外投资活动，则取值为 1，否则取值为 0。

企业对外投资有不同的动机。就中国企业而言，对外投资的动机包括商贸服务、基于市场寻求的投资目的的生产和销售、基于资源寻求的投资和基于寻求技术的对外投资等（蒋冠宏，2015）。本书借鉴葛顺奇和罗伟（2013）的划分标准，基于企业经营范围将对外直接投资企业划分为非经营型对外直接投资企业（OFDI_FY）、贸易销售型对外直接投资企业（OFDI_TR）、研发加工型对外直接投资企业（OFDI_RD）和多样化型对外直接投资企业（OFDI_ZH）4 种类型。其中非经营型对外直接投资企业是仅拥有非经营型境外企业；贸易销售型对外直接投资企业是指仅在境外从事进出口贸易和产品销售，未进行研发、加工、生产、组装或制造；研发加工型对外直接投资企业是指企业在境外仅仅进行研究与设计、加工、生产、组装或制造等活动，而不进行贸易和销售；多样化型对外直接投资企业是既进行贸易、销售，又从事新产品的研发、加工、生产、组装或制造。

另外，在模型设置中本书还增加了与企业出口产品所含技术水平相关的微观变量。首先是全要素生产率（tfr），借鉴 Levinsohn 和 Petrin（2003）、鲁晓东和连玉君（2012），利用 LP（Levinsohn and Pertrin）法计算全要素生产率，其中工业增加值用 2000 年为基期的工业品出厂价格指数进行平减，固定资产用以 2000 年为基期的固定资产投资价格指数进行平减。其次是出口密集度（exps），国际贸易的市场内，经济较发达的国家向经济发展水平相对落后的国家提供一定的技术和生产设备支持，以获得廉价的产品，因此间接促进发展中国家产品技术的升级（鲁晓东，2014）。发展中国家的加工贸易即是如此。基于企业贸易规模扩大对企业自身技术升级的积极影响，本书纳入出口因素考察其对出口技术复杂度的影响，采用数据库中的出口交货值与企业销售总额的比例来表示。最后是平均工资（wage），平均工资水平在一定程度上反映企业雇用的劳动力质量（赵伟等，2011），劳动力质量的高低反映企业吸收新的知识，增强企业本身在技术研发创新方面的能力，进而能够影响企业出口的产品技术含量。在样本期间内，工业企业数据库中与研发投入相关的指标缺失严重，而研发投入又是关键，因此本书用平均工资代替研发能力，采用毛其淋和许家云（2013）的处理方法，用应付工资与福利之和占从业人员数的比例并取对数来衡量，同时进行平减处理。

其他控制变量：资本密集度（klr）用固定资产与从业人数的比值并取对数来衡量，其中固定资产使用以 2000 年为基期的固定资产投资价格指数进行平减处理；企业规模（size）采用企业资产总额并取对数来衡量，其中企业销售额采用了以 2000 年为基期的工业品出厂价格指数进行平减处理；企业年龄（age）用当年年份与企业开业年份的差来衡量；企业利润率（profit）用营业利润与企业销售额的比值来衡量；融资约束（fin）分为内源和外源融资两种渠道，两种指标的测度均存在争议，本书借鉴毛其淋和许家云（2013）的做法，用利息支出与固定资产的比值来衡量，该比值越大说明企业面临的融资约束越小。主要变量的统计特征描述见表6-6。

表 6-6　主要变量的统计特征描述

变量说明	变量名	观测值	均值	标准差	最小值	最大值
对外直接投资	对外直接投资	2 319			0	1
出口技术复杂度	expy	172 866	13.964 11	0.771 97	9.275 90	17.053 71
全要素生产率	tfp	154 560	6.554 04	1.126 12	2.814 76	13.333 58
出口密集度	exps	172 866	0.538 22	0.644 10	0	88.864 71
平均工资	wage	172 866	2.668 54	0.681 34	−5.288 97	10.395 25
资本密集度	klr	172 866	3.747 53	1.403 71	−5.569 88	14.053 32
企业规模	size	172 866	10.431 10	1.443 64	3.692 77	18.725 90
企业年龄	age	172 866	8.603 80	8.211 74	0	57
企业利润率	profit	172 866	−3.234 92	1.219 81	−13.253 37	1.387 28
融资约束	fin	172 866	−2.920 30	1.324 80	−13.189 04	5.893 90
投资动机	OFDI_FY	868				
	OFDI_TR	719				
	OFDI_RD	539				
	OFDI_ZH	193				

6.2.1.3　数据来源

本书这部分研究是以中国工业企业数据库、《境外投资企业（机构）名录》（简称《名录》）匹配得到的数据为主，时间跨度为2000～2006年。此外还利用了 UNcomtrade 数据库和海关数据库。

对于中国工业企业数据库，我们按照毛其淋和许家云（2013）的方法进行如下处理：将工业总产值、固定资产、企业销售额、利息支出小于0或者有缺漏值的企业删除，删除1949年前成立的企业或年末从业人员小于等于10的企业，删除营业利润有缺漏值的企业。

《名录》包含某一年企业当年是否进行过海外投资、投资证书号、投资东道国、境内投资主体和境外所投资企业（机构）。但最为关键问题是该《名录》并未包含当年该企业的对外投资额情况，这就造成了现有研究仅仅针对该企业是否进行过对外直接投资来展开简单分析，而无法分析投资额情况。本书为后续能够进行研究，构造 0-1 虚拟变量，1 表示该企业在当年进行过对外直接投资，0 表示未进行对外直接投资。

海关数据库记载了每个企业每个月的进出口情况，包含企业名称、进出口产品的 HS8 位编码、进出口数量、单价和运输方式等。由于在计算产品层面出口技术复杂度的过程中利用的 UNcomtrade 数据库是 HS6 位编码，为了在之后计算企业层面出口技术复杂度，我们将海关数据库中 HS8 位编码转化为 HS6 位编码。

UNcomtrade 数据库是计算出口技术复杂度的基础，然而数据库中 2000~2001 年的进出口数据使用的是 HS1996 版本，2002~2006 年使用的是 HS2002 版本，我们依据两种版本转换表之间的对应关系将前者转换到 HS2002 版本。

由于本书研究的重点是出口等企业微观层面对企业出口技术复杂度的影响，因此我们需要将中国工业企业数据库同海关数据库相匹配。中国工业企业数据库中企业代码与海关数据库中税号编码是两种不相同的编码，因此，在匹配的过程中无法使用两者进行匹配。我们按照田巍和余淼杰（2012）的方法对企业数据进行合并。首先，我们用两个数据库内的企业名称匹配。其次，将剩余未匹配上的企业采用企业设立时注册地的邮政编码和固定电话号码的后七位进行匹配。上述两步得到的数据是我们要研究的样本总体。

6.2.2 企业对外直接投资对出口技术复杂度的 PSM 法分析

由于自选择效应的存在，有对外投资活动的企业在投资之前的出口产品技术水平就比未进行对外投资的企业要高。因此，企业的自选择效应和对外直接投资行为都有可能造成企业出口技术复杂度升高，即比较对外直接投资企业与未对外直接投资企业所得到的研究实证结论可能存在偏差。为了避免这一问题，我们采用倾向得分匹配（propensity score matching，PSM）法分析企业对外直接投资与产品出口技术复杂度之间是否存在因果关系。

PSM 方法是由 Heckman 等提出的，首先将样本分为控制组和处理组，其次根据 logit 模型或 probit 模型计算出样本中每个企业的倾向概率得分，最后依据上一步计算得到的倾向概率得分匹配处理组和控制组中的企业。因此，在本书中，将进行过对外直接投资的企业视为处理组，将未对外直接投资的企业视为控制组。同时，设定两个二元虚拟变量 ofdi 和 dt。ofdi 表示企业是否进行对外直接投资，如果 ofdi = 1，表明企业进行过对外直接投资；反之，表明企业未进行过对外直接投资活动。dt 表示时间虚拟变量，如果 dt = 1 表示企业对外投资后的时期，dt = 0

表示企业对外投资前的时期。那么，企业 i 在对外直接投资和没有对外直接投资两种情况下的产品出口技术复杂度差异可以记为

$$E(\text{expy}^1 - \text{expy}^0) = E(\text{expy}^1 \mid \text{ofdi} = 1) - E(\text{expy}^0 \mid \text{ofdi} = 1) \qquad (6\text{-}11)$$

式中，expy^0 和 expy^1 分别表示企业 i 在对外直接投资和没有对外直接投资两种状态下的出口技术复杂度。但企业开始对外直接投资后，其没有对外直接投资时的状态已经无法得到，即 $E(\text{expy}^0 \mid \text{ofdi} = 1)$ 结果未知，导致公式无法继续计算。本书依照已有文献的做法，选择合适的企业作为进行过对外直接投资企业的控制组。如果存在样本期内始终没有对外直接投资行为的企业，则可以以将其出口技术复杂度用来作为对外直接投资企业的在没有对外直接投资情况下的产品出口技术复杂度，即 $E(\text{expy}^0 \mid \text{ofdi} = 1) = E(\text{expy}^0 \mid \text{ofdi} = 0)$。因此，我们利用最小邻近匹配法挑选可供参照的控制组。此外，基于已有文献，我们选择全要素生产率（tfp）、出口密集度（exps）、平均工资（wage）、资本密集度（lkr）、企业规模（size）、企业年龄（age）、融资约束（fin）、企业利润率（profit）作为描述企业特征的协变量。

本书根据已有文献的研究，使用 logit 模型，以及 K 近邻匹配法进行匹配，并令 $K = 4$。匹配结果见表 6-7。

表 6-7　2000～2006 年总体样本的匹配结果

样本	处理组	控制组	差分值
匹配前	14.308 724 5	13.964 950 4	0.343 774 076
匹配后	14.308 724 5	14.078 744 5	0.229 979 926

通过 PSM 法，共匹配了 169 606 个样本，其中处理组有 428 个，控制组有 169 178 个。由表 6-7 可知，匹配前处理组与控制组出口技术复杂度的差分值为 0.343 774 076，匹配后差分值为 0.229 979 926，且通过了显著性检验。这说明在控制了影响出口技术复杂度的其他因素之后，企业进行对外直接投资有利于促进企业出口技术复杂度的提升。此外，为了检验匹配结果是否真实，表 6-8 报告了针对匹配结果的平衡性检验。由表 6-8 可知，匹配前对外直接投资企业的全要素生产率、平均工资、资本密集度、企业规模、企业年龄在处理组内的企业特征值均高于控制组内未进行对外投资企业的特征值，表明企业投资存在自选择效应；匹配后处理组内的企业特征与控制组内的企业特征相接近，从而表明选定的未进行对外直接投资的企业可以近似代替进行过对外直接投资的企业，即数据匹配有效。

表 6-8　1:4 临近匹配的平衡性检验

变量	样本	均值		标准偏差	标准偏差较少幅度
		处理组	控制组		
tfp	匹配前	7.7839	6.5509	81.7%	
	匹配后	7.7839	7.8379	−3.6%	95.6%
klr	匹配前	4.1267	3.7372	29.4%	
	匹配后	4.1267	4.0832	3.3%	88.8%
wage	匹配前	3.0394	2.6674	50.6%	
	匹配后	3.0394	2.9473	12.5%	75.2%
size	匹配前	12.0830	10.4240	79.7%	
	匹配后	12.0830	12.0970	−0.7%	99.2%
profit	匹配前	−3.2703	−3.2410	−2.4%	
	匹配后	−3.2703	−3.1811	−7.4%	−204.3%
exps	匹配前	0.4803	0.5414	−11.6%	
	匹配后	0.4803	0.4948	−2.8%	76.2%
fin	匹配前	−2.9003	−2.9213	1.7%	
	匹配后	−2.9003	−2.8747	−2.1%	−21.1%
age	匹配前	9.7056	8.6062	13.1%	
	匹配后	9.7056	9.3137	4.7%	64.4%

从匹配结果的稳健性角度出发，本书使用双重差分的 PSM 法进行稳健性检验。首先，我们不添加任何控制变量进行检验，然后逐步添加控制变量、地区、时间和行业等对出口技术复杂度产生影响的变量。从表 6-9 第（1）列和第（4）列看出，ofdi×dt 的系数显著为正，加入相关控制变量后，系数虽然发生变化，但方向和显著性并未发生变化。这表明企业对外直接投资后出口技术复杂度显著大于对外投资之前的出口技术复杂度，从而证明了企业进行对外直接投资活动有利于提高自身出口技术复杂度。此外，在加入地区、时间和行业因素之后，ofdi×dt 系数仍然为正，进一步印证上述结果。

表 6-9　基于双重差分的稳健性检验

变量	（1）	（2）	（3）	（4）	（5）
ofdi	0.4541[***]	−0.0421	−0.0343	0.1520[***]	0.1248[***]
	(6.5231)	(−0.9435)	(−1.0210)	(3.3237)	(3.3315)
dt	0.1565[***]	0.1267[***]	−0.0541	−0.0456	−0.0139
	(3.1412)	(4.0589)	(−1.0652)	(−1.2507)	(−1.0667)

变量	（1）	（2）	（3）	（4）	（5）
ofdi×dt	0.2563*** （2.8567）	0.2271*** （4.3164）	0.2319*** （4.3493）	0.2338*** （4.2363）	0.2353*** （4.4780）
控制变量	无	控制	控制	控制	控制
常数项	8.3392*** （202.9023）	2.6922*** （239.1416）	2.4106*** （230.8153）	2.5654*** （218.4847）	2.6954*** （210.0387）
地区	否	否	是	是	是
时间	否	否	否	是	是
行业	否	否	否	否	是

注：圆括号中表示检验 t 值

***表示统计量在1%的显著性水平上显著

6.2.3　企业对外直接投资对出口技术复杂度的实证分析

上一节通过PSM方法已经证实了进行对外直接投资的企业要比未进行对外直接投资的企业出口技术复杂度要高，本节将通过更加全面、系统的实证方法重点从企业投资动机与行业差异来考察对外直接投资对企业出口产品技术含量的影响。

6.2.3.1　基于投资动机细分的分析

本书在接下来的研究中，将企业出口技术复杂度作为被解释变量，对外直接投资作为主要的解释变量，控制变量包括全要素生产率、企业年龄、企业规模、出口密集度、资本密集度、平均工资等企业微观特征。对外直接投资对 expy 的影响在表6-10中进行了列示。从回归结果可以看出，在总体样本下，对外直接投资对企业出口技术复杂度有着正向影响。分别对四类对外直接投资动机类型依次进行估计，结果如表6-10所示。

表6-10　不同投资动机对出口技术复杂度的影响

变量	样本总体	非经营型	贸易销售型	研发型	综合型
ofdi	0.2407*** （5.9339）	0.0257 （0.1829）	0.2251*** （3.0847）	0.3680*** （3.8347）	0.3322*** （3.4622）
tfp	0.0322*** （18.3264）	0.0353*** （18.4326）	0.0412*** （18.6879）	0.0409*** （18.5730）	0.0418*** （18.9672）
klr	0.0374*** （21.0217）	0.0238*** （20.2449）	0.0257*** （20.3422）	0.0328*** （20.5410）	0.0348*** （20.9827）
wage	0.1329*** （70.5397）	0.2364*** （79.5467）	0.2400*** （79.6570）	0.2532*** （79.9798）	0.2531*** （79.8475）

续表

变量	样本总体	非经营型	贸易销售型	研发型	综合型
size	0.0035* （1.7335）	0.0042* （1.7514）	0.0040* （1.7647）	0.0036* （1.7413）	0.0037* （1.7867）
profit	0.0013 （1.2540）	0.0019 （1.2842）	0.0023 （1.2415）	0.0028 （1.2900）	0.0024 （1.2909）
exps	0.1024*** （31.2531）	0.1032*** （31.2497）	0.1022*** （31.3856）	0.1078*** （31.4365）	0.1025*** （31.2592）
fin	0.0091*** （6.4049）	0.0132*** （6.7460）	0.0171*** （6.9106）	0.0142*** （6.7515）	0.0292*** （7.4440）
age	0.0001 （0.5535）	0.0021 （0.5296）	0.0013 （0.5241）	0.0019 （0.5244）	0.0021 （0.5461）
_cons	12.4537*** （773.3616）	12.8530*** （772.4143）	12.8531*** （772.6823）	12.8528*** （772.3258）	12.8523*** （772.5020）
时间	控制	控制	控制	控制	控制
地区	控制	控制	控制	控制	控制
行业	控制	控制	控制	控制	控制

注：圆括号中表示检验 t 值

***表示统计量在 1%的显著性水平上显著；*表示统计量在 10%的显著性水平上显著

由表 6-10 可知：①非经营型对外直接投资对企业出口技术复杂度的影响在整个样本期内不显著，说明此类对外直接投资对企业出口技术复杂度的影响不具有任何作用。②除了非经营型对外直接投资之外，其他三类对外直接投资都有利于企业出口技术复杂度的提升。相比较而言，贸易销售型对外直接投资系数最小，研发型对外直接投资对企业出口技术复杂度的影响系数最大，综合类对外直接投资居中。产生这一现象的原因：非经营型对外直接投资的主要目的是保持对外联络以维持客户关系，提高售后服务以营造良好的海外声誉；而与此不同的是，研发型对外直接投资根据分类标准主要从事的是产品研发、加工、制造等业务，此类企业的海外分支机构与其他类型的海外分支机构相比更容易学习和模仿东道国的技术，通过技术溢出增强自身产品的技术复杂度；综合型对外直接投资既要研发、生产、加工，还有销售，从而要比专门从事研发的对外直接投资对出口技术复杂度的影响要小；而贸易销售型对外直接投资企业主要从事贸易和销售，可能会为了满足东道国消费者的需求进行研发新产品，增强自身产品的竞争力，从而提高出口技术复杂度，但中国大部分贸易销售型对外直接投资企业研发能力不高，因此对外直接投资对出口产品技术提升作用较小。

6.2.3.2　基于行业细分角度的分析

本书借鉴孙晓华和王昀（2014）对行业细分的标准，将样本分为三大类，轻纺制造业（行业代码 13-24）、资源加工行业（行业代码 25-34）、机械电子行业（35-41）。在控制了年份和地区变量之后，分析企业的对外直接投资行为对不同行业的出口技术复杂度的影响，结果见表 6-11。

表 6-11　对外直接投资对不同行业企业出口技术复杂度的影响

变量	总体样本	轻纺制造业	资源加工行业	机械电子行业
对外直接投资	0.2407*** (5.9339)	0.1802*** (2.7381)	0.2840*** (3.4120)	0.3005*** (4.5783)
控制变量	控制	控制	控制	控制
Constant	12.8537*** (7.3616)	12.6466*** (7.0116)	12.9729*** (8.0144)	13.4849*** (8.2143)

注：圆括号中表示检验 t 值

***表示统计量在 1%的显著性水平上显著

由表 6-11 可知，对外直接投资对三大行业的出口技术复杂度均具有显著影响，但影响程度不同。其中，对外直接投资对机械电子类的出口技术复杂度的影响程度最高，对轻纺制造行业的影响最低。

此外，考虑到本书研究的重点是对外直接投资对企业出口技术复杂度的影响，而出口产品的技术复杂度提升也有可能带动企业对外投资的增长，即企业自身的出口技术复杂度会对其海外投资活动产生影响，从而对外直接投资与企业出口技术复杂度之间具有双向因果关系。双向因果关系的存在可能会导致样本内生性问题的存在。本书根据田巍和余淼杰（2012）的做法，用滞后一期、滞后两期的出口技术复杂度代替当期值。通过检验发现，滞后一期和滞后两期的 expy 均与当期 expy 具有显著的正相关关系，说明用滞后期 expy 代替当期 expy 是合理的。表 6-12 呈现了滞后一期和滞后两期的出口技术复杂度代替当期出口技术复杂度的回归结果。

表 6-12　对外直接投资与不同行业出口技术复杂度的内生性回归分析

变量	轻纺制造业		资源加工行业		机械电子行业	
	滞后一期	滞后两期	滞后一期	滞后两期	滞后一期	滞后两期
对外直接投资	0.4793*** (5.5477)	0.0296*** (3.3823)	0.3412*** (3.3117)	0.1266** (2.5880)	0.4000*** (5.1928)	0.2378** (2.5435)
控制变量	控制	控制	控制	控制	控制	控制
Constant	4.0888*** (51.8481)	5.7605*** (61.6909)	4.6600*** (42.4713)	6.8719*** (51.2554)	4.8821*** (44.8960)	7.1390*** (57.1029)

注：圆括号中表示检验 t 值

***表示统计量在 1%的显著性水平上显著；**表示统计量在 5%的显著性水平上显著

由表 6-12 可知，在对内生性进行了处理之后，三大行业中的对外直接投资对出口技术复杂度依然具有促进作用。同时，与滞后二期相比，滞后一期对出口技术复杂度的影响更大。由于国内企业技术水平差距较大，具备专业技能的人才分布不均匀，对国外先进技术吸收、模仿学习再创新的能力有限，对外直接投资对出口技术复杂度的影响存在时滞效应与现实情况相符。

6.2.3.3 行业细分上考虑企业投资动机的分析

行业不同，禀赋不同，投资动机不同，如资源加工企业主要是为了寻求资源，而机械电子企业通过对外直接投资一方面可以提高自身的研发能力，另一方面可以拓展自身产品在东道国的市场。因此本书将从轻纺制造、资源加工、机械电子三个不同行业进行不同投资动机的分析，结果分别在表 6-13 进行列示。

表 6-13 企业不同投资动机回归结果

行业	变量	OFDI_FY	OFDI_TR	OFDI_RD	OFDI_ZH
轻纺制造企业	对外直接投资	0.1352 （0.1006）	0.2519*** （3.0524）	0.2245* （1.6842）	0.1807* （1.6857）
	constant	12.6559*** （458.8302）	12.6532*** （458.8647）	12.6554*** （458.8556）	12.6543*** （458.9017）
资源加工企业	对外直接投资	0.0381 （0.0206）	0.4496*** （4.5316）	0.6028** （2.0099）	0.2301* （1.6859）
	constant	12.9789*** （391.2704）	12.9796*** （391.9770）	12.9787*** （391.1609）	12.9770*** （391.2989）
机械电子企业	对外直接投资	0.1562 （0.0063）	0.2133* （1.7414）	0.2238** （2.4865）	0.5543*** （4.4565）
	constant	13.5318*** （472.0497）	13.5314*** （471.8601）	13.5315*** （471.4801）	13.5298*** （471.9842）

注：圆括号中表示检验 t 值

***表示统计量在1%的显著性水平上显著；**表示统计量在5%的显著性水平上显著；*表示统计量在10%的显著性水平上显著

由表 6-13 可知，总体上来说，轻纺制造业对外直接投资对出口技术复杂度的影响程度相对较小。进一步讨论，贸易销售型企业对外直接投资对出口技术复杂度的影响系数最高，其次为研发加工型。中国是纺织品生产和出口大国，且轻纺制造业是劳动密集程度较高的行业。然而，长期以来，中国的加工制造业处于国际分工链条的低端，利润分成只占很小的一部分，人力资本、研发投入较少，学习和模仿能力有限，技术溢出不足，从而企业对外直接投资的行为对自身的技术提升影响程度较小。此外，凭借廉价的劳动力、充足的资源，中国轻纺制造产品在国际市场上具有竞争力，从而通过对外直接投资，扩大市场规模，增加产品销量。

对资源加工企业而言，不同投资目的对外直接投资对出口技术复杂度的影响系数均为正，表明资源加工型企业不论采用贸易销售型、研发加工型，还是多样化型进行对外直接投资都可以提升自身产品的复杂度。资源加工企业中从事贸易销售型的出口技术复杂度的影响较大的原因可能是随着各国经济的发展，环境意识和资源意识得以提高，企业在生产发展过程中，受资源等因素的限制越来越严重，而海外投资可以获得充足的资源，从而满足企业对资源的需求，为企业的后续发展提供动力。此外，资源的稀缺性也是影响企业出口技术复杂度的关键因素之一。

同样由表 6-13 可知，机械电子企业在对外直接投资过程中，贸易销售型、研发加工型和多样化型对出口技术复杂度的影响均为正，其中多样化型对出口技术复杂度的影响最高，其次是研究加工型，第三是贸易销售型。研发加工型企业通过技术入股或与外国企业合作，在东道国技术资源密集的地方设立研发中心，充分利用东道国在高新技术产业上的集聚效应，发挥技术整体创新优势，进而提升企业出口技术复杂度。由于机械电子类企业在对外销售产品的过程中，不仅要考虑东道国的市场需求状况，还要面对市场竞争者的激烈竞争，因此，通过对外销售产品，反馈市场需求信息，增加能够满足市场需求的产品，实现产品的多样化。多样化企业一方面要进行销售贸易，另一方面要进行产品研发、生产、制造等也可以提高自身产品的出口技术复杂度。与轻纺制造业、资源加工业一样，非经营类企业对外直接投资对出口技术复杂度的影响为正，但并不显著。

6.3　基于价值网络的企业直接投资绩效分析

6.3.1　价值网络与企业对外直接投资

6.3.1.1　价值网络

对于企业价值网络位置的计量，基于中心度和结构洞的数值是现有文献已经对其做出了合理且被普遍认同的计量方法。Kim 等（2006）总结了相关文献，他们认为网络中每个点，即每家企业，位置的好坏取决于点和网络核心的接近程度以及结构洞的占据情况。与网络核心的接近程度，就是企业对整体网络的支配能力。

关于价值网络中心度的研究，Larcker 等（2013）也充分运用了网络，以董事个体层面的兼任行为作为公司之间的连带关系而计算出公司的网络中心度指标，研究兼任行为与股票回报的影响。吴剑峰和吕振艳（2007）采用资源依赖和社会网络理论，研究了产业电子商务平台，发现中心位置提高了企业加入多方联盟的机会。王宇露和李元旭（2009）采用社会网络和协同演化理论，研究表明企业的网络位置的中心度是影响企业学习的重要因素。塞尔曼等（2005）经过实证研究发现中心度对企业成长产生积极影响。中心位置增加了企业专利的数量，使企业能够接近更多类型的资源，同时也增加了企业收入。Hoskisson 等（1993）研究发现，网络间企业知识或者信息的交换，使得多元化的企业能够更加有效地降低运营成本，中心度则会影响着信息交换。徐勇和邱兵（2011）也采用社会网络分析方法，认为从连锁董事的中观层面出发，讨论基于连锁董事形成的企业网络位置特征变量、吸收能力和企业绩效三者之间的关系，实证结果表明代表企业外部网络位置特征的中心度、结构洞对企业绩效有积极显著的影响。罗家德（2010）认为，中心度是评价网络中行动者重要与否、衡量它的地位优越性或特权性的重要指标，在网络分析中常用这个指标来衡量网络结点（行动者）获取资源、控制资源的可能性。

关于网络中结构洞的研究，Burt（1992）首次提出并论证了"结构洞"的概念，结构洞是个体之间间接联系的现象，在网络中看，就像是网络中产生了洞穴，结构洞中，间接联系两个个体的第三方拥有信息优势和控制优势，从而影响企业在市场中的竞争，结构洞占据情况是企业在网络局部的相对支配能力。广泛用于战略管理所在的管理领域。Zaheer 等（2005）认为，良好的网络结构有利于企业内部能力的发挥，会改善企业的绩效。陈运森（2015）通过计算企业结构洞位置的不同，进行实证分析，结果表明"结构洞"位置带来的控制优势和信息优势对企业的公司财务活动至关重要，企业在所处网络中的结构洞的丰富程度与企业的经营效率、投资效率成正比。应洪斌（2016）通过实证检验了结构洞对产品创新绩效的作用机制，研究发现结构洞与产品产新绩效呈现倒"U"形关系。罗珉和高强（2011）通过研究中国企业家的封闭网络，探寻该网络中已经占据结构洞中介位置的强联合，得出结论，中国企业家为中介与封闭网络边界之间建立合作，从而享受网络封闭和结构洞带来的双重社会资本福利。

6.3.1.2　国有企业价值网络

企业经营与发展深受其嵌入的价值网络的影响。中国化工集团在 2015 年收购意大利轮胎制造商倍耐力轮胎公司、2016 年收购德国橡塑化机制造商克劳斯玛菲集团的基础上，于 2017 年 6 月打败美国孟山都公司、美国杜邦公司以及德国巴斯夫股份公司等多家跨国巨头，成功收购瑞士农药、种子农化高科技公司先正达。倍耐力轮胎品牌在南美洲是领导者，在欧洲、中东和非洲也有一定的市场份额，中国化工集团旗下产品可以借助这些网络，将各梯队的产品进入拉丁美洲和中东非地区的经销商及车队，这使得中国化工集团在该产业获得更优势的话语权地位。同样，对橡塑化机制造商克劳斯玛菲集团的并购事件中，中国化工集团公司董事长任建新表示："克劳斯玛菲集团将给中国化工先进制造板块注入强劲的'德国工业 4.0'基因和具有制造业传统的'工匠精神'，为全球更多客户，尤其是新兴市场，提供全面解决方案补充我们的'短板'"。[①]中国化工集团收购先正达，实际上主要是一个互补关系，收购完成之后提升了与竞争对手孟山都公司的对抗砝码。此外，在总结前期跨国并购的经验教训之后，吉利收购沃尔沃、海尔对通用家电进行收购，这些企业通过海外并购实现技术品牌资源的快速积累，帮助企业进行国际化布局上的弯道超车。

以上案例均说明中国企业通过对海外资产的收购巩固更加强自身在价值网络中的竞争地位。由此可见，在价值网络视角下，企业通过跨国并购行为把海外企业的市场、技术、业务等资源转化为自己的战略资本，形成了在所处行业或市场的势力。

越来越多研究学者发现价值网络对于企业发展创新及价值提升的重要性。尤其对缺少资源的后发企业来说，整合价值网络资源是后发企业提升赶超能力，实现快速追赶的重要途径。Christensen（1997）提出，后发企业若通过颠覆性创新重建价值网络，则可实现对在位企业的超越。鉴于价值网络中心的企业容易获得异质性资源，而价值网络边缘的企业资源获取渠道较少，因此不同价值网络位置的企业进行资源学习和价值提升的能力有所差异。

但是现有的研究范式将企业看作孤立的个体，进行后发企业价值升级的讨论是不完整的；将价值网络纳入分析，能更加全面、深入地解释后发企业跨国并购的战略动机。

因此，本书鉴于目前割裂的两个方面研究，拟从这个理论的薄弱环节入手，从企业所处价值网络视角进行理论分析与模型推导，再基于企业嵌入价值网络位置的数据进行实证检验，揭示后发企业跨国并购的产业战略目标，将价值网络优势位置获取的目标影响后发企业跨国并购决策以实现价值升级的传导机理刻画出来，以期对后发企业追赶理论进行有益补充，也为科学全面评价和指导后发企业价值升级夯实研究基础，并提供有益参考。

6.3.1.3　基于价值网络的跨国并购绩效

企业是跨国并购的实施者，市场上所有企业构成一个网络，每个企业在网

---

① 中国化工完成对克劳斯玛菲收购，https://mip.ys137.com/qiche/36564148.html[2020-06-28]。

络中的位置影响着企业自身的发展与运营决策。价值网络理论是在信息不断完善、时代更新发展模块下出现的新型战略理论，将不同的企业各自所在的小网络连接起来，最终形成包括供应商、客户的大型社会关系网络。虽然国内外学者已经在关于跨国并购的动机、并购风险、并购绩效等方面进行了探索性的研究，但是基于企业跨国并购行为对企业价值网络位置关系的影响研究相对较少。毋庸置疑，企业所在价值网络中的位置关系在大数据时代中成为衡量企业未来发展前景的一个重要指标。因此本书将从价值网络的视角研究企业跨国并购决策与并购绩效。

近年来在经济全球化发展的大背景下，跨国并购占企业对外直接投资的份额越来越大，跨国并购也成为国内外相关学者进行研究的重点。研究范围横跨整个跨国并购过程，从跨国并购之前对国家进行选择到跨国并购之后的企业整合，从跨国并购绩效的影响因素到跨国并购动因等各个方面。

国内外学者对跨国并购绩效的影响因素进行了深入研究，随着上市公司数据的更加完善和全面，国内市场走向成熟，一些学者在研究中国企业的海外并购时，都倾向于选择中国上市 A 股公司的数据。研究结果表明影响因素主要分为地理距离、东道国因素、文化差异等。刘飔和李元旭（2016）针对 200 家上海证券交易所、深圳证券交易所上市公司在 1992 年到 2012 年达成的 311 笔跨国并购交易，采用时间研究法，研究表明地理距离对跨国并购绩效可能存在显著积极的影响，正式制度差异、一般国际经验对跨国并购绩效存在显著的负向影响。田海峰等（2015）强调了文化距离的作用，同样采用时间研究法测算并购的短期绩效，他们认为东道国的经济自由化程度与并购绩效显著正相关，但是文化距离、企业有无跨国并购经验对并购绩效的影响则不显著。余鹏翼和王满四（2014）以 2005 年至 2010 年我国上海证券交易所、深圳证券交易所成功进行跨国并购的 103 家上市公司为研究样本，采用多元回归模型，发现并购双方的文化异质对收购公司的并购绩效存在正向的影响。

Stahl 等（2008）认为文化差异并不是主要因素，但是会干扰企业并购后的股东财富效应以及协同效应的发挥。朱勤和刘垚（2013）采用财务指标法对跨国并购的影响因素进行研究，认为东道国的制度环境越不完善、并购双方文化差异性越小、企业自身规模越大、并购规模越大，则企业跨国并购的绩效越好。对于制度环境，潘红波等（2008）研究发现，地方政府干预对盈利样本公司的并购绩效有负面影响，而对亏损样本公司的并购绩效有正面影响。高厚宾和吴先明（2018）通过对企业并购异质性视角的研究，认为跨国并购规模与创新绩效显著负相关，技术获取型跨国并购与创新绩效显著正相关，跨国并购股权与创新绩效显著正相关。邵新建等（2012）通过事件研究法对跨国并购的研究进行了扩展，认为以战略资源、先进技术、知名品牌等创造性资产为目标的并购，总体上都获得了市场的积极评价，管理层的能力与其创造的协同价值越大。

　　针对跨国并购动因进行的研究表明，主要动因分为技术寻求、市场寻求和经验寻求三大方面。李蕊（2003）对跨国并购的技术寻求动因方面进行了深入研究，通过大量的数据和现实案例得出结论，提高技术效率和技术竞争优势是跨国公司进行跨国并购投资的一个重要动因。孙华鹏等（2014）使用了三个典型的中国民营企业进行跨国并购的案例，他们认为品牌国际化、获取核心技术、扩大市场份额、获取国际化经验是驱动我国民营企业进行跨国并购的四个最主要动因。叶勤（2002）总结出跨国并购是多动因推动、综合平衡的结果，认为目标公司价值低估、获取财务协同效应影响了跨国并购。阎大颖（2006）认为跨国并购的动因主要是战略驱动，是为了保持企业的持久、核心的竞争优势。姚彩红（2010）对不同企业进行分别研究发现，进行跨国并购的动因是不同的，同一企业在不同时间段的跨国并购也会有不同的原因，跨国并购动因具有很明显的多样性。刘亮和万解秋（2011）从动因理论中资本流动和市场扩张带来的双重效应，到效应论的投资母国和东道国的直接经济影响的双重经济效益分析，认为跨国并购受到诸如企业市场优势、交易成本、企业财务等微观因素，以及汇率变动、政策法规文化等宏观环境因素的影响。与此相同研究的有井百祥和刘平（2002），他们认为跨国并购的动机是多元化的，目的是寻求战略均势和战略安慰。普遍认为，企业进行跨国并购的动机是意图通过寻求技术、市场和经验来提升企业自身的竞争力，本节用价值网络位置来量化企业的竞争力。

6.3.2　跨国并购与价值网络机理分析及研究假设

6.3.2.1　企业价值网络位置与跨国并购

　　通过对多次跨国并购的事件研究发现，我国跨国并购往往都是属于相对较弱企业并购相对较强企业，被并购企业很可能是某一行业中的龙头企业，被并购时在所处地区已经拥有一定的客户，掌握部分资源，建立了声誉且有自身的管理运营办法，这些都会随着跨国并购的发生反馈给并购企业。蒙丹（2013）通过研究发现在网络核心位置的企业往往拥有价值链较高环节的专有能力，更具创造力和难以替代性进而获得行业价值的领导权，在企业优化网络关系和建立网络竞争力上，跨国并购发挥着重要作用。例如，海尔集团收购通用家电业务、吉利集团收购沃尔沃等。在跨国并购过程中国外企业的原有优势就会不断进入并购企业中，会获得被并购企业的供应商和客户资源，并购企业可以直接获取被并购企业资源，转化为自身的供应商和客户需要，同时获得信息；同时，随着并购活动的进行，企业自身也会引起其他企业的重视，进一步获得更多的供应商和客户资源，从而改善企业在价值网络中的位置。综上，提出假说1。

假说 1：跨国并购会改善企业价值网络位置。

6.3.2.2 国有企业价值网络位置与跨国并购

可能是与政府对跨国并购的支持政策相关，国有企业往往是政府政策的最大受益者。在现行的政治经济体制下，相对非国有企业控股公司，国有企业在并购方面的决策更容易被政府批准，能够获得更大的政策、资金等方面的支持，并购整合成功的可能性和能够获取的协同效应较高（邵新建等，2012）。《关于建立境外投资重点项目风险保障机制有关问题的通知》中明确规定，国家发展改革委和中国出口信用保险公司共同建立境外投资重点项目风险保障机制，支持企业进行境外经济活动，依照国家出口信用保险基金安排，提供境外投资风险保障服务。在政策的实际运作过程中，这些政策更有可能惠及的是体现国家战略的国有企业，而非民营企业（廖运凤，2007；王志乐，2007）。从近年来进行的跨国并购事件来看，国有控股公司在跨国并购数量中也占据了主导地位，为以后国有企业继续跨国并购提供了经验，有利于跨国并购经济行为的顺利进行。在发展中国家，经验的累积对并购成败有着重要的作用。综上，提出假说 2。

假说 2：跨国并购行为对国有企业价值网络位置的改善程度高。

6.3.2.3 非制造业企业价值网络位置与跨国并购

企业性质方面，民营企业海外并购主要集中在制造业，国有企业在非制造业方面占比较高，享有政策优势。中国制造业"新型化"程度不断提高，制造业整体发展态势良好（李廉水等，2015）。部分制造业会直接选择本国企业进行合作，避开与其他国家企业合作过程中存在的文化整合、交流不便、合作程度不高等问题。倪中新等（2014）针对中国的海外并购进行研究，得出结论：国别政治制度环境、文化差异、国家竞争力等影响了跨国并购的绩效。文化差异过大，交流困难会影响跨国并购的效果。相比之下，本土非制造业优势不明显，有相应需求的企业更多地选择国外优秀的企业进行合作，那么跨国并购对非制造业企业改善程度就会相对于制造业企业改善程度高。综上，提出假说 3。

假说 3：跨国并购行为对非制造业企业价值网络位置的改善程度高。

6.3.2.4 资源密集型企业价值网络位置与跨国并购

机械电子产品的技术含量高，技术更新换代速度快，需要较多的投资以保证产品的先进性，资源加工企业规模普遍较大，属于典型的资本密集型生产方式，生产过程需要不断投入新型的技术装备。国有企业的跨国并购大多是资源寻求型动机，刘青等（2017）通过二阶段引力模型进行分析，研究结果表明我国海外并购表现出市场寻求和矿产金属资源寻求特征；相比于大多数国家，国外资源数量多且种类更全，中国的劳动力具有价格优势，劳动密集型企业更适合选择国内进行发展。国内企业通过跨国并购的方法可以获取国内没有或存量少的资源。那么，资源密集型企业通过跨国并购可以获取企业所需资源等，有利于企业的发展，提高企业在行业中的相对位置。综上，提出假说4。

假说4：跨国并购行为对资源密集型企业价值网络位置的改善程度高。

6.3.3　基于价值网络的企业跨国并购绩效实证

6.3.3.1　计量模型

本书此部分的研究目的是评估跨国并购对企业价值网络位置的影响，通过实证分析检验企业进行跨国并购行为和网络位置之间是否存在因果关系，并进一步分析其影响作用。实证过程中最常用的 OLS 会因为样本个数处理过程中的偏差造成结果的不稳定，本书解决这种情况的方法是采用反事实分析，通过比较企业进行跨国并购时的网络位置与不进行跨国并购时的网络位置之间的差异，进而检验跨国并购对企业价值网络位置关系的影响效应。然而，在实践当中并不能同时观测到企业进行跨国并购和不进行跨国并购的结果，因此，在这一反事实情况下，需要找到非跨国并购企业的网络位置来替代跨国并购企业在不跨国并购时的网络位置。为了处理上述问题，Heckman 等（1997）基于反事实框架提出了 PSM 方法，构建处理组企业在进行跨国并购之前的特征使之尽可能地与对照组企业相似，然后将处理组中的企业与对照组中的企业进行匹配，使得匹配后的两个样本组的配对企业之间仅在是否进行跨国并购方面有所不同，其他方面尽可能相似，用匹配后的对照组来近似地替代处理组的反事实，最后再进行比较，由此来确定跨国并购与企业网络位置之间的因果关系。假设有跨国并购的企业为处理组，记作 $ma=1$，没有跨国并购的企业为对照组，记作 $ma=0$。假设企业 i 在第 t 年的网络位置为 NL_{irkt}，则处理组企业的网络位置标记为 NL_{1irkt}，对照组企业的网络位置标记为 NL_{0irkt}。

综上所述，本书建立如下计量模型、下式等号左边表示企业价值网络位置。基于前人对网络位置的测度，本书选自中心度和结构洞两个指标计算企业的位置，中心度对企业的发展产生正面影响，结构洞意味着一些个体之间存在的无直接联系从而出现缺失的现象，采用各个企业中心度和结构洞的比值作为测度各个企业网络位置的指标。

$$\text{NL}_{irkt} = \beta_1 \text{ma}_{irkt} + \beta_2 \text{size}_{irkt} + \beta_3 \text{rd}_{irkt} + \beta_4 \text{klr}_{irkt} + \beta_5 \text{age}_{irkt} + \beta_6 \text{bhr}_{irkt} + \beta_7 \text{ope}_{irkt} + \varepsilon_{irkt}$$

$$(6\text{-}12)$$

式（6-12）等号右边为可能影响企业价值网络位置的解释变量，其含义及量化方法如下：下标 i、r、k、t 分别表示企业、行业、地区和年份；ε_{irkt} 表示随机误差项；ma 表示企业是否进行跨国并购的虚拟变量，进行跨国并购的企业为 1，未进行跨国并购的企业为 0；size 表示企业规模，采用企业资产总额并取对数来衡量，以 2007 年为基期的工业品出厂价格指数进行平减；rd 表示企业对研发的支出，企业研发投入与企业销售额的比重来衡量企业研发；klr 表示企业资本密集度，沿用叶娇和赵云鹏（2016）的计算方法用固定资产与年末从业人员数的比值取对数来测量，以 2007 年为基期进行平减；age 表示企业年龄，观测年份与企业成立年份之差来衡量；bhr 表示本科学历占比，学历水平反映了企业人力资源状况，本科学历以上相对研究生学历以上覆盖的企业面更广，能够比较全面地反映整体受教育水平，故这里以年末本科及以上学历占员工人数的比例表示，数值越高说明企业整体人力资源的构成越好；ope 表示企业开放程度，这里以企业是否有海外收入来表示，如果有海外收入则记为 1，没有海外收入记为 0。

6.3.3.2　数据来源与处理

该部分样本数据来自 2007～2017 年 Wind 数据库、国泰安数据库以及跨国并购库，然后将跨国并购库中的数据与上市 A 股公司数据进行匹配，保留上市公司中进行跨国并购的企业名单并将其作为处理组，没有跨国并购的则作为对照组，按照是否进行了跨国并购分类，公司总数为 3543 家，作为处理组的进行跨国并购的公司共 432 家，作为对照组的非跨国并购公司共 3111 家。根据近些年进行跨国并购的交易数据库，查找企业及其上下游供应商和客户的股票代码，删除不合理数据样本。使用 pajek 软件绘制网络图，进行中心度和结构洞的计算。本书此部分的匹配变量信息均来自 Wind 数据库。

在下文的异质性分析数据处理部分，作者借鉴薛安伟（2018）的方法对行业进行划分，按照企业性质分为国有性质、民营企业和外资企业；按照区域分为东部、中部、西部。具体分类方法如下：第一，企业属性标准按照 Wind 数据库中对公司属性进行 7 个方面的分类，中央国有企业、地方国有企业、集体企业、公众企业、民营企业、其他企业、外资企业等，这里将前四类划分为国有性质，民营企业和其他企业划分为民营企业，外资企业保持不变，外资企业按照是否有外资控股或参股为标准。按照以上分类方法划分为国有企业 1213 家、民营企业 2208 家、外资企业 122 家。第二，区域特征依据国家统计局对东部、中部、西部地区的界定，东部地区包括北京、天津、河北、辽宁、上海、江苏、浙江、福建、山东、广东和海南等

11 个省市；中部地区包括山西、内蒙古、吉林、黑龙江、安徽、江西、河南、湖北、湖南、广西等 10 个省区市；西部地区包括四川、重庆、贵州、云南、西藏、陕西、甘肃、青海、宁夏、新疆等 10 个省区市，按照以上分类方法划分为东部企业 751 家、西部企业 188 家、中部企业 274 家。数据描述性分析如表 6-14 所示。

表 6-14　主要变量描述性统计

变量名	观察值	均值	方差	标准差
NL	38 973	0.004 5	0.002 8	0.052 9
ma	38 973	0.121 9	0.107 1	0.327 2
size	22 133	2.389 5	23.636 6	4.861 8
rd	12 343	1.489 6	14.159 0	3.762 8
klr	32 769	10.476 1	22.113 6	4.702 5
age	38 973	14.058 4	39.821 9	6.310 5
bhr	18 028	0.113 9	0.029 6	0.172 1
ope	38 973	0.473 0	0.000 0	0.000 0

6.3.3.3　结果及分析

跨国并购行为属于单个企业的发展决策，具有很明显的企业异质性，为了更好地检测企业异质性对企业价值网络位置的影响，进行异质性分析。中国区域发展很不平衡，呈现东部发展迅速、中部发展较慢、西部发展滞后的局面；同时市场上企业种类繁多，各类企业之间存在较大差异。针对我国现有企业的特点，本书对我国企业按照属性、区域进一步划分，结果如表 6-15 所示。

表 6-15　基于企业异质性的回归结果

变量	NL 国有企业	NL 民营企业	NL 外资企业	NL 东部地区	NL 中部地区	NL 西部地区
ma	0.034 200 0*** (0.002 3)	0.002 120 0*** (0.000 2)	−0.000 972 0*** (0.000 3)	0.017 600 0*** (0.001 1)	0.001 240 0 (0.001 4)	0.000 030 2* (0.000 8)
控制变量	控制	控制	控制	控制	控制	控制
年份	控制	控制	控制	控制	控制	控制
地区/行业	控制	控制	控制	控制	控制	控制
样本量/个	13 343	24 287	1 342	27 884	6 611	4 477

注：圆括号中表示检验 t 值

***表示统计量在 1%的显著性水平上显著；*表示统计量在 10%的显著性水平上显著

从表 6-15 可以发现，对于国有企业和民营企业，跨国并购都会显著改善企业价值网络位置，国有企业要强于民营企业，假说 2 得到证实。而对于外资企业跨国并购与企业价值网络位置负相关，这可能是因为中国国内的外资企业本身就是国外出资在中国建立的，为了获取国内的资源或劳动力等，外资企业再进行海外并购并不利于企业自身发展。

根据表 6-15 中第 5 列、第 6 列、第 7 列数据显示，针对不同的地区，跨国并购对企业价值网络位置都是显著改善的，其中对东部地区的改善效果最为明显，且较为显著，中部地区的改善效果较弱，且不显著，西部地球的改善效果非常小。这可能是因为东部地区发展较快速，有更为完善的客户和供应商的交易链条，所以跨国并购对企业价值网络位置的改善效果更为明显。

对企业进行行业上的异质性分析，由表 6-16 可知，跨国并购这一经济行为会整体促进制造业企业价值网络位置的改善，对非制造业企业的改善效果较为明显，假说 3 得到证实。进一步对制造业企业再分类，本书借鉴孙晓华和王昀（2014）的方法对行业进行划分，将企业分为轻纺制造行业（行业代码 13-24）、资源加工行业（行业代码 25-34）、机械电子行业（35-41）三大行业，得到针对制造业的进一步异质性分析。实证结果表明，对典型的资本密集型生产方式的资源加工行业和技术含量高机械电子行业是显著的促进作用，假说 4 得到证实。而对轻纺制造行业，跨国并购与企业价值网络位置负相关，且并不显著，总体依然呈现改善效果，综上所述，无论是在整体的样本，还是来自各个细分行业的实证结果都显示表明，总体上跨国并购是能够改善企业价值网络位置的。

表 6-16　基于企业行业异质性的回归结果

变量	NL	NL	NL	NL	NL
	制造业	非制造业	轻纺制造业	资源加工行业	机械电子行业
ma	0.006 3*** (0.000 5)	0.024 3*** (0.002 1)	−0.000 6 (0.000 4)	0.011 8*** (0.001 1)	0.003 1*** (0.000 3)
控制变量	控制	控制	控制	控制	控制
年份	控制	控制	控制	控制	控制
地区/行业	控制	控制	控制	控制	控制
样本量/个	24 585	14 387	3 366	10 164	11 000

注：圆括号中表示检验 t 值

***表示统计量在 1%的显著性水平上显著

7 中国对共建"一带一路"国家直接投资的案例研究

7.1 大连港投资吉布提国际自贸区

7.1.1 大连港及港口竞争

7.1.1.1 大连港自然条件

地处太平洋西北沿岸的大连港地理位置十分优越,坐落于辽东半岛最南端的大连湾,东边紧邻着黄海,西面则被渤海环绕。作为东北亚经济带的核心区域之一,大连港也是东北亚面向太平洋进入全世界的重要海上门户。港口属于温带季风气候,拥有346平方公里的自由水域以及15平方公里的陆地面积,港阔水深,是不折不扣的天然深水港,这一切为海运业务的开展提供了必要条件,也因此成为货物转运至亚洲、欧洲、美洲等区域最便捷的港口之一。

港内铁路专用线160余公里、仓库30余万平方米、货物堆场180万平方米、各类装卸机械千余台;拥有集装箱、原油、成品油、散矿、粮食、煤炭、滚装等现代化专业泊位100多个,万吨级以上泊位70多个。[①]

7.1.1.2 大连港发展历程

大连港前身为大连商港,19世纪末期正式成立,港口运营至今,已经运营一百多年。19世纪末大连湾建立,当时沙皇俄国将其称为"达里尼港";1905年,日本占领我国东北部地区,大连港在往后的40年间,始终处于日本的统治之下。1945年8月,苏联工农红军接管大连港,六年后,大连港的管理权顺利回归到中国政府手中。

1951年,大连港集团有限公司成立。作为政企分开后的国有独资企业,大连港集团有限公司有着雄厚的资金支持,注册资本为40亿元,企业总资产达203亿元。同年,区域大连保税物流园区正式完成封关,随后投入运作;2005年11月,集团下的辽宁港口股份有限公司挂牌成立,并且于2006年4月在香港

---

① 大连港集团有限公司,http://www.dlxyxh.org/Product/Content.aspx?ProductId=198[2022-05-05]。

H 股上市，四年后成功回归内地 A 股，成为国内港口企业中首家同时拥有 A+H 双融资交易服务平台的上市公司。

如今，大连港已经成为港口吞吐量超过 4.5 亿吨的综合性大型商港，逐渐向设备大型化、航道深水化、技术专业化、体量规模化、交通干线化的方向发展，形成了较为完备的临港产业体系和城市综合服务体系。大连港的建设规模处于国内领先水准，综合竞争能力居全国乃至世界高位，在 2021 年的全球港口货物吞吐量排名中位列第 17 名。由此可见大连港的港口能力以及服务效果都是毋庸置疑的。历经百年的历练，大连港形成了诸多的发展优势，特别是在港口运营和园区管理方面积累了大量的经验。与此同时，在港口基础设施建设、港口运营、技术创新、物流业务拓展以及港口物流人才管理等方面也都具备多年的实践基础，并和国内外诸多大企业建立了长期良好合作关系。

7.1.1.3　大连港经济腹地

大连港陆上经济腹地主要包括辽宁、吉林、黑龙江等，总面积达 124 万平方公里，占据全国近 13% 的土地资源。大连港处于东北亚经济区，不论是技术设备还是天然的自然气候、地理环境都占有极大的区域优势，是我国重要的原材料产区和商品粮基地。

东北经济地带作为带动全国发展的主要经济地区之一，以其频繁且发达的石油化工、钢铁、矿冶机电设备产业为核心，进行汽车制造、森林工业等多行业的经营。除此之外，东北区域也是我国重要的粮食基地，种植大面积玉米、小麦、水稻等，农产品、畜牧产品持续运往国内及海外各地。受优异的地理优势的支持，东北地区经济飞速发展，随着后续经济体制改革的持续进行，东北地区将不断进行技术突破和研发，在地理优势辅助下，迅速成长为外向型经济区。

自 1951 年大连港集团有限公司成立以来，大连港的港口物流业务范围涉及主要为油品、液体化工品码头以及对应物品物流运输服务；集装箱码头以及集装箱相关物流服务；除此之外还有汽车码头、散杂货码头、散粮码头、客运滚装码头等多个部分及港口增值与支持业务（增值服务部分），其业务领域如图 7-1 所示。

7.1.1.4　竞争情况

当前全球经济仍处于危机之后的深度调整期，加之中美贸易战的不断升级，经贸的双重压力给港航企业整体带来了不小的冲击和压力，国际需求市场持续低迷。不仅如此，国内其他港口企业也在不断壮大，仅环渤海地区就以优良的海域

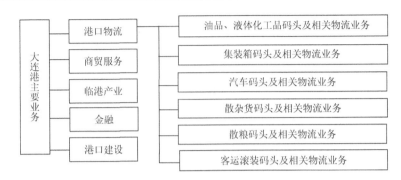

图 7-1　大连港主要业务领域

条件形成了众多著名港口，除大连港以外区域内还有营口港、天津港、青岛港等；此外，国内长江三角洲和珠江三角洲等经济发达地区也凭借独特的区位优势形成了优势港口。这些港口由于经济腹地的重叠、经营业务的相似以及外界需求的下降，对货源的争夺程度日趋激烈，国内港口企业红海趋势显著。表 7-1 是对环渤海港口群主要港口性质与定位的介绍。

表 7-1　环渤海港口群主要港口性质与定位

港口名称	港口性质	功能定位
大连港	北方地区重要中转港，是辽宁沿海港口群的核心港口，是中国沿海的集装箱干线港	重点发展集装箱干线运输，兼顾矿石、石油、粮食等大宗散货的中转发展
营口港	我国交通网络的主要环节之一，东北原材料和能源重点中转与支线港口	以集装箱、石油、铁矿石及钢材为主，综合散货转运业务发展
秦皇岛港	最主要的煤炭运输港口，覆盖东北及华北的交通核心和港口服务平台	在港口物流的服务功能良好发展的基础上拓展临港旅游及商业贸易
天津港	北方最大的综合性港口和进出口商贸平台	向智能化国际枢纽港方向发展，并成为集装箱干线港
烟台港	山东省资源的主要交流平台	在确保散货等原有优势的基础上，兼顾矿石、集装箱、原油的快速发展
青岛港	集装箱干线港，处于我国交通网络的核心位置；是山东沿海港口群的枢纽港	在确保作为国际集装箱干线良好发展的基础上，增强散货转运功能
日照港	我国"北煤南运"的重要运输环节之一，是山东省中南部地区资源的主要进出口平台之一	以散货转运为主，扩展集装箱业务，提高物流服务水平和港口现代化水平

1）港口集团的海外市场拓展

外部环境疲软，越来越多的跨国企业进入市场，企业整合现象层出不穷，其中具有代表性的综合产业包括中国远洋海运集团有限公司、招商局集团有限公司（简称招商局集团）等，随后，企业和港口合作的现象也愈演愈烈，港口企业都开始进行业务转型或海外市场拓展。

如 2014 年，烟台港携手山东魏桥创业集团有限公司等几家公司组成"赢联盟"，共同规划和建设了一条铝矾土物流运输链条。就铝制品消耗量来看，我国每年消耗的铝约占全球 50%，同时，我国也是全球铝生产量最大的国家，然而就自然资源占有量方面而言，我国铝土资源比较有限，大部分资源都需要从国外引进，而作为自然资源占有量最多的国家——几内亚，是我国进行铝土资源贸易的主要进口国，整个海程达 14 000 多海里，有"铝业丝绸之路"的美称。除了进行铝土资源运输之外，该海路还进行过大宗散货多式联运运输，这在一定程度上为烟台港成为我国最大的铝矾土枢纽港奠定了基础。该项目仅 2018 年就为烟台港贡献了 4200 万吨的货量，牢据全国铝矾土进口第一港，占全国市场份额的七成以上。

在此基础上，山东港口烟台港集团有限公司、韦立国际集团和北京远望物流公司携手推出面向非洲西海岸的班轮直达航线——中国烟台—西非散杂货航线。这条航线的干线以 18 万吨海岬型散货船执行，每月 3～5 班，支线以 8000～10 000 吨双甲板船执行，几内亚南北方向每个月各 1～2 班，实行小批量多航次，快装快卸，采用减少等待的运输模式，连接西非各国。

2015 年 10 月，山东岚桥集团有限公司通过 5.06 亿澳元获得达尔文港的租赁权。港口处于澳大利亚北部地区，整个租赁期长达 99 年。次年 5 月，山东岚桥集团有限公司收购玛格丽特岛港口，该港口位于巴拿马运河西侧，管理着中南美洲进入大西洋的来往船只，陆地区域坐落在巴拿马科隆自由贸易区，是太平洋和大西洋的交通枢纽。

2016 年 7 月，河北港口集团对印尼占碑钢铁工业园进行了资金注入，该工业园属于国际港口工程，这也是企业第一次对国外港口项目进行投资的先例。

2016 年 10 月，青岛港国际股份有限公司同马士基码头签订了合同，合同针对意大利瓦多港 9.9%权益的交易购买做出了明确的说明。

2) 港口集团的多元化转型

深圳盐田港借助股份控制的方式对深圳惠盐高速公路有限公司加以经营模式管理，在日常经营期间，后者需要对前者定期缴纳运营费用。从盐田港的主营业务构成情况来看，公路运输业的营业收入在其主营业务中却占据了 40%左右的比重。2019 年上半年，盐田港非主营业务中的投资收益 1.04 亿元，占利润总额比例 63.85%；盐田港持有盐田国际集装箱码头有限公司 29%股份，持有深圳盐田西港区码头有限公司 35%，这两家公司为盐田港带来的净利润分别为1.04 亿元及 9217.31 万元。

上海港在其主营业务增速放缓的情形下，依靠金融、房地产等板块为其带来丰富稳定的利润收入。

2013 年，广西北部湾国际港务集团参与了马来西亚关丹港工程的项目投资，这对于我国而言，意味着国内企业开始以建设兼运营方式全面入股东南亚港口工程。

2017 年 5 月，印度尼西亚最大货运港丹戎不碌港考虑进一步的扩大运营运输工程，宁波舟山港对项目进行了投资，投资金额拟为 5.9 亿美元。

虽然大连港在 2012 年进行过商业模式的创新，创建了东北亚贵金属交易所这样的交易平台并获得了一定成果，但在当前这种背景下其竞争能力还是略显薄弱，亟须借助"走出去"战略扩展广阔的海外市场寻求新的竞争力。

7.1.2　招商局海外布局吉布提

7.1.2.1　吉布提区位优势

吉布提是一个位于非洲东北部亚丁湾西岸的小国，国土面积仅为 2.32 万平方公里，海岸线长达 372 公里。虽然土地面积较为狭小，但是由于位于欧洲、亚洲、非洲三大洲的交界处，因此交通运输优势十分显著。从红海流域驶向地中海区域的来往船只必定会经过该片区域，前往印度洋的来往船只也需要经过此地，故而吉布提也被称为"石油通道上的哨兵"。

吉布提港经济腹地辐射范围较广：在 1500 公里半径范围内，可覆盖埃塞俄比亚、索马里和苏丹等国，最远可以延伸至坦桑尼亚及刚果，内陆地区最大辐射范围人口超过 2 亿人，腹地 GDP 总量在 450 亿美元以上。吉布提的邻国是三个比较落后的国家，其中埃塞俄比亚是最关键的腹地，因地理原因自身没有海运通道，与共同邻国厄立特里亚长期交战，因此很多货物都从吉布提港装船起运。港口80% 以上的产品都经公路和铁路运往埃塞俄比亚。2010 年埃塞俄比亚铁路总局的一项研究显示，93% 的埃塞俄比亚货物是通过吉布提港转口再出口的，5% 经过索马里的柏培拉港再出口，剩下 2% 是经过苏丹港。从 2005 至 2010 年，埃塞俄比亚的过境货物吞吐量占吉布提港的平均总吞吐量的 82.4%。

此外吉布提港的运输需求长期保持稳定。主要客户的分布情况如下：集装箱货物的主要客户为太平船务有限公司（Pacific International Lines，PIL）、马士基航运公司（Maersk Line）、美国总统轮船（American President Lines，APL）、法国达飞海运集团（CMA-CGM）、地中海航运公司（Mediterranean Shipping Company，MSC）等；粮食客户为 EGTE（Ethiopia Grain Trade Enterprise，埃塞俄比亚粮食贸易企业）、联合国粮食计划署（World Food Programme，WFP）等，其中联合国的救济粮占粮食货物的很大一部分；建筑材料的主要客户是中国在吉布提和埃塞俄比亚的建筑单位，以及当地的住房建设部门。

2015 年，吉布提集装箱吞吐量为 9 万 TEU（Twenty-feet Equivalent Unit，国际标准集装箱单位），比 2014 年增长 7%。杂货物吞吐量 517.7 万吨，比 2014 年增长 21.7%。杂货货种包括粮食、煤炭、化肥、建材、机械、汽车、牲畜等。其中，新建的多哈雷码头年吞吐能力达到了 381 万吨。良好的吞吐能力为后续的航运合作、贸易区的建设奠定了基础。

不仅如此，吉布提几乎参与了所有重要的世界和区域组织。它是东南非共同市场（Common Market for Eastern & Southern Africa，COMESA）的成员国之一，其产品可畅通无阻地进入 21 个成员国的 4 亿人口市场；是欧盟"除武器外全部免税"（everything but arms，EBA）倡议的受益者，并且拥有权利来获得欧盟的门槛降低政策；同时也是美国《非洲增长与机遇法案》的合法保护国，该法案允许吉布提向西方发达国家无数量限制地运送货物，且没有税收红利。优惠政策为国际贸易提供了条件，将促进吉布提自贸区进出口加工业的发展。

7.1.2.2 招商局及大连港海外布局

吉布提和我国企业的渊源不止于此次合作。2013 年 12 月，吉布提港口有限公司就和招商局集团开始共同商定要投资建设一个全新的港口，逐渐取代旧港。投资项目包括多功能码头、集装箱码头和干港等。在 2015 年初，大连港集团有限公司也参与其中，和招商局国际有限公司（现招商局港口控股有限公司）签订协议决定联合搭建一个共同的海外投资平台，吉布提以其特殊的地理位置再次成为合作的关键。2015 年 12 月 4 日，国家主席习近平在中非合作论坛约翰内斯堡峰会开幕式上致辞时强调，为推进中非全面战略合作伙伴关系建设，中方愿在未来 3 年同非方重点实施"十大合作计划"：中非工业化合作计划、中非农业现代化合作计划、中非基础设施合作计划、中非金融合作计划、中非绿色发展合作计划、中非贸易和投资便利化合作计划、中非减贫惠民合作计划、中非公共卫生合作计划、中非人文合作计划、中非和平与安全合作计划[①]。作为传统的工业，港口物流行业也深深受到政策的照顾。吉布提地理位置重要，外商投资政策灵活，享受多项政策优惠。在该国投资自贸区能落实约堡峰会精神、推动中非合作示范项目的打造。

2016 年 7 月 12 日上午，吉布提港总裁萨德·盖莱来大连港拜访。大连港集团有限公司徐颂、徐健在 108 会议室接待了萨德·盖莱先生一行。双方就进一步加强合作进行了友好会谈。会见中，总经理徐颂对萨德·盖莱一行到访表示欢迎，

---

① 习近平：未来三年同非方重点实施"十大合作计划"，http://www.xinhuanet.com/politics/2015-12/04/c_1117361785.htm[2022-10-20]。

并简要介绍了港口发展历史和当时建设发展情况，大连港在其铁路建设、码头管理、人员培训等方面具有较大优势，将给予吉布提自贸区项目大力支持，并希望双方能够在更多领域开展深入合作，携手共同发展。萨德·盖莱对集团领导的热情接待表示感谢，并对双方加强友好往来充满期待。他表示，大连港在港口建设、经营、管理等方面具有十分先进的理念与丰富的经验，希望今后能对吉布提港及新建 DMP（dockside monitoring program，码头监视程序）给予更多的支持与帮助，在更多层面加强合作，实现互利共赢。

2016 年末，中国招商局集团、大连港集团有限公司、亿赞普集团以及新成立的吉布提港口与自贸区管理局四方共同签署了一份关于吉布提自贸区项目投资的初步协议。第二年初，正式签订了股东协议，新成立了相关公司，自贸区建设宣布正式启动，一期试点工程将主要由大连港参与建设。

7.1.3　大连港海外投资动机及战略规划

7.1.3.1　大连港海外投资动机

（1）响应国家"一带一路"倡议和双方政府的支持。吉布提作为 21 世纪海上丝绸之路的重要节点，占据着重要的战略位置。同时国家在"一带一路"的项目上也做出了很多的政策倾斜和资金支持。大连港参与此次海外投资能够抓住时代的机遇，开拓广阔的海外市场，为集团的长远发展提供不竭的动力。

我国一直坚持对外开放的基本国策，尤其是加入世界贸易组织以来"走出去"和"引进来"更加紧密结合在了一起。2013 年提出的"一带一路"倡议进一步贯彻了国策，且更加侧重于投资发展中国家，国家对于该倡议进行巨额投资。吉布提作为共建"一带一路"国家，长期与中国保持友好的外交关系，积极参与和中国的合作。2014 年 9 月中吉两国签订了《中华人民共和国政府和吉布提共和国政府经济技术合作协定》，这代表着双方在扩大开放加深经济合作的道路上继续前行。同时吉布提还参与了国际上的多个贸易组织，享受着各项优惠政策，投资自贸区符合双方的政策需求，是全球化下的大势所趋。

（2）进一步巩固与招商局集团的战略合作伙伴关系。招商局集团作为国内港口建设的龙头企业，取得过显著成效，积累了极其丰富的经验、资源和资金。此次海外投资吉布提自贸区招商局也参与其中，该举动能够全方位搭建共同合作平台，更好地与招商局进行合作，利用其优势和资源，从而推动集团自身的发展。

（3）占有海外稀缺资源，带动集团整体收益不断提升。一方面，按照小岛清的理论，大连港投资吉布提能够发挥我国企业的比较优势，将一些劣势业务转移到产业链中处于下游地位的吉布提，同时也能带来产品的进出口，也可以促进企业内部产业结构的优化升级。另一方面,除了市场资源之外,吉布提具有丰富的土地资源,盐、石灰岩、珍珠岩和地热资源,周边国家也蕴含丰富的石油等资源,投资此地,依托自贸区这个新兴平台,能更高效地利用资源,节约成本,带动整体经济效益的提升。

(4)培育国际化人才,组建专业团队。大连港集团有限公司此次和招商局集团一同参与吉布提项目的海外投资,可以为企业人才提供大量海外实战机会。

此外,港口企业需要良好的地理条件和经济腹地作为支持,因而优势企业的数量并不算多,可以近似使用尼克博克的寡头垄断行为理论进行分析。在同行陆续开始对外投资的背景之下,大连港为了保持自己的市场份额,也会加入其中。

7.1.3.2 对大连港其他业务的带动作用

吉布提地处非洲,是世界上的落后国家之一。其产业基础薄弱,相关资源匮乏,劳动力素质较低,正处于"百废待兴"的阶段。大连港对于吉布提的投资能够为该国经济建设带去有效资源和经验;与此同时此举也能促进附加值较低的产业向外转移,进而推动内部产业结构的升级,集中力量发展新兴产业,最终达到互利互惠、合作共赢的局面。其具体业务如下。

1)汽车

大连港集团有限公司业务板块的一个重要组成部分是企业滚装模块,截至目前已经形成了一条汽车精品物流全程服务体系,包括有集装卸载堆存、质量检验、物流包装加工、对外贸易融资等环节。其中对外贸易融资环节直接关系到汽车的整体进出口情况。由于当前限制供给,该项业务面临着较大的压力,业务量的百分之六十以上都是来源于中东地区。此外,随着吉布提和埃塞俄比亚等国家近年的发展,其对汽车的需求也不断上升,但与之不匹配的是在汽车的物流和贸易等阶段处于弱势地位,即供给和需求有矛盾,这也为大连港汽车业务的"走出去"提供了难得的机遇。

如果能够有效地利用吉布提国际自贸区,直接在当地或附近设立专门公司,再通过转口贸易的方式运输至国内,就可以最大限度地节约成本,形成竞争优势。同时也能促进当地企业相关贸易产业的发展。可以将汽车板块现有的业务模式与管理体系复制到自贸区进行试点,在当地成立专门的汽车贸易、租赁、融资公司,依托自贸区前方码头的优势开展非洲市场的汽车业务。待时机成熟将该模式进一步推广至非洲多地。

2)工程

集团于2017年4月正式成立了相关项目筹划小组,由招商局集团和大连港的专业人员组成了其下属的具体工作小组,其中大连港集团有限公司主要负责统领商务小组和工程小组的工作内容，且已经派出了专业领域的技术人员亲自前往吉布提对自贸区的图纸设计、现场施工进行直接有效的管理。

初始面积为2.4平方公里的一期工程在吉布提自由贸易区已经投入开工建设。未来还将开发更广范围的土地，会产生更多的项目机会。一期起步区作为试点能够摸清状况，为日后的建设打下基础。

3）信息化

当前全球处于信息革命的新阶段，只有抓住了时代机遇才能获得自己的竞争力。但对于吉布提这样的非洲落后国家而言，信息化、网络化建设几乎没有基础，一切需要从零开始。如果想要尽快跟上世界步伐，亟须其他国家的帮助。大连港的信息化板块有专用的操作系统、先进的管理模式、有效的信息终端设备，并且已经开发出了类似产品。集团可以将该项产业向非洲国家进行拓展，加速信息化进程。

举例来说，大连港在大窑湾港区上线了综合信息服务管理系统。吉布提方面的要员曾到大窑湾进行过实地的考察和现场调研，表示希望未来可以在吉布提园区配备类似系统和相关设施。此外吉布提还是海底光缆的上岸端口所在地，这也能为其在日后的信息化及相关基础设施建设方面提供支持。

4）运营管理模式

如前文所述，此次海外投资将共同成立资产公司与运营公司两家公司，并且大连港集团有限公司已经以股东身份按照一定的股权比例向吉布提派驻高管、专业技术人员和其他管理人员。其中在资产公司中，吉布提方面占据过半股份；而运营公司中国方面占据过半股比。此举一方面能够充分给予吉布提自主性，让渡利益，另一方面也能够将集团成熟的管理运营经验带去，因地制宜地研发出一套符合当地情况的园区运营办法。

除向吉布提派驻高管之外，参与自贸区项目还将为集团一线操作人员和吉布提本国创造大量的海外就业机会，既能够培养和组建一支国际化的队伍，同时也能在一定程度上解决当地群众的就业问题。

7.1.3.3 对于企业"走出去"的整体带动作用

1）建设东非内陆干港

未来吉布提自贸区与港口将在货物来源、运输和物流服务等方面形成共同力量并扩散到其他国家，发挥联动优势建立内部陆港。之后还可以把吉布提自由贸易区的运营和管理经验以及其他设施可复制到埃塞俄比亚境内的物流园区，进一步拓展东非市场，形成中非商贸互动和货物流通的系统发展、互相促进的新局面。

2）改造老港区运作模式

物流产业占据了吉布提绝大部分的 GDP 比重，一直以来都是该国的支柱产业。但是随着港口向纵深化、大型化发展，老港区的运营模式已经不能满足于当代的需要，可以说老港区制约了港口乃至整个国家的发展。

吉布提政府早已意识到了这一情况，也对老港区的开发做出了新的计划并接受了海外企业，包括大连港在内的相关帮助。因此，无论是在自贸区的新建设，还是吉布提老港改造方面，二者都存在着广泛合作空间。

3）对大连市的贡献

东北是国家的老工业基地，工业基础雄厚。根据国家最新的振兴东北老工业基地的战略部署——"积极开拓重大装备的国际市场，使东北成为国际产能合作的生力军"[1]已成为一项重点内容。同时，大连传统优势的轴承、海工、造船、港口机械等产业也在积极拓展海外业务，集团参与开发建设吉布提自贸区将带动大连市及东北地区的优势产能及企业到非洲投资和经营，特别是带动大连国企优势产品走出去。争取大连区域企业共同组团出海，为地方经济发展做出更大的贡献。

7.2　三峡集团投资巴基斯坦卡洛特水电站

7.2.1　三峡集团简介

7.2.1.1　发展历史

1993 年 9 月 27 日，为建设三峡工程，经国务院批准，中国长江三峡工程开发总公司正式成立。2009 年 9 月 27 日，更名为中国长江三峡集团公司。2017 年12 月 28 日，完成公司制改制，由全民所有制企业变更为国有独资公司，名称变更为中国长江三峡集团有限公司（简称三峡集团）。在党中央、国务院的坚强领导下，三峡集团历经近 30 年持续快速高质量发展，现已成为全球最大的水电开发运营企业和中国最大的清洁能源集团，成为国务院国有资产监督管理委员会确定的首批创建世界一流示范企业之一。

党的十八大以来，习近平总书记多次对三峡集团作出重要讲话指示批示，充分体现了以习近平同志为核心的党中央对三峡集团的高度重视和亲切关怀，为三峡集团做好当前各项工作、谋划未来发展指明了前进方向、提供了根本遵循[2]。根

---

① 李克强主持召开国务院振兴东北地区等老工业基地推进会议，http://www.mohrss.gov.cn/SYrlzyhshbzb/dongtaixinwen/shizhengyaowen/201610/t20161019_257607.html[2022-10-20]。

② 在构建新发展格局中发挥战略支撑作用，https://paper.cntheory.com/html/2020-12/25/nw.D110000xxsb_20201225_2-A4.htm[2022-05-05]。

据习近平总书记重要指示批示精神要求，2018 年 4 月，国家发展和改革委员会、国务院国有资产监督管理委员会明确三峡集团战略发展定位为：主动服务长江经济带发展等国家重大战略，在深度融入长江经济带、共抓长江大保护中发挥骨干主力作用，在促进区域可持续发展中承担基础保障功能，在推动清洁能源产业升级和带动中国水电"走出去"中承担引领责任，推进企业深化改革和创新发展，加快建成具有较强创新能力和全球竞争力的世界一流跨国清洁能源集团。

7.2.1.2　企业概况

三峡集团在多个领域开展业务。其业务领域包括生态环保投资与运营、工程建设与咨询、流域梯级调度与综合管理、新能源开发与运营管理、资本运营与金融业务、资产管理与基地服务、国际能源投资与承包、电力生产与运营等。

三峡集团正立足新发展阶段，完整、准确、全面贯彻新发展理念，构建新发展格局，推动高质量发展，奋力实施清洁能源和长江生态环保"两翼齐飞"，"十四五"时期将基本建成世界一流清洁能源集团和国内领先的生态环保企业，努力为实现碳达峰、碳中和目标，促进经济社会发展全面绿色转型做出更大贡献。

围绕战略定位，三峡集团立足新时代新使命，要全力发挥好在促进长江经济带发展中的基础保障作用、在共抓长江大保护中的骨干主力作用、在带领中国水电"走出去"中的引领作用、在促进清洁能源产业升级中的带动作用、在深化国有企业改革中的示范作用、在履行社会责任方面的表率作用等六大作用。

2008 年，三峡集团被科学技术部、国务院国有资产监督管理委员会、中华全国总工会首批授予"创新型企业"。根据集团管控体系，科技管理工作按业务全覆盖、项目全生命周期进行归口管理，遵循"分类分级、分层分步"管理原则，按照集团公司层面、子企业层面、生产单位等三个层面，每个层面设置决策、总工、咨询和职能管理等科技管理工作序列，实行报批报备的管理制度，形成了集团—子企业—生产单位科技工作的分层分级管理的矩阵构架。

三峡集团深入贯彻创新驱动发展战略，大力推动大众创业，万众创新，初步建立了以国家级、省级、集团和子企业创新平台，协同集团外部产学研科技优势资源，搭建自主创新、协同创新的科技创新体系。建成国家级、省部级、集团等多层次、多专业科技创新平台，通过原始创新、引进消化吸收再创新和集成创新，充分发挥员工自主创新的积极性，在水电工程建设和生产运营、新能源发展和海外业务等方面取得了一批重大成果及职工创新成果。

三峡集团秉承"管理三峡 保护长江 奉献清洁能源 共建美好家园"的历史使命，围绕"建好一座电站、带动一方经济、改善一片环境、造福一批移民；建设精品工程、创新工程、绿色工程、民生工程、廉洁工程"的水电开发理念，始终坚持把社会效益放在首位，追求社会效益和经济效益相统一，努力创造经济、社会和环境最优综合价值。

至 2019 年 12 月 31 日，三峡集团从业人员 24 069 人，在岗职工 23 684 人。其中，中国工程院院士 2 人、百千万人才工程国家级人选 3 人、国家级有突出贡献中青年专家 4 人、享受国务院政府特殊津贴人员 115 人、全国技术能手 6 人、中国质量工匠 1 人。同时具有博士研究生学历 188 人，硕士研究生学历 3235 人，大学本科学历 10 288 人；具有高级职称（正高、副高）共计 3422 人。截至 2021 年 6 月底，三峡集团可控、在建和权益装机达 1.4 亿千瓦；资产规模突破万亿元大关，资产负债率 52%左右，继续保持最高的国际信用评级；利润总额、归母净利润、成本费用利润率、全员劳动生产率、人均利润等指标继续在中央企业名列前茅。在中央企业年度经营业绩考核中连续 14 年（2006～2019 年）获评 A 级。

7.2.2 巴基斯坦简介

中国长期以来持续在巴基斯坦开展对外直接投资，两国进行经济合作频率较高。中巴经济走廊构想深刻影响到多个产业领域的发展。自中巴经济走廊的构想提出以来，两国在多个领域加强交流合作，并开展了包括工业园区、自贸区等在内的多个大型项目的建设。

数据显示，2017～2018 年中国在巴基斯坦进行的对外直接投资额同比增幅达到 30%，而投资领域也涉及多个产业，包括交通、能源、通信等基础设施建设。本案例将从多个角度分析三峡集团在巴基斯坦进行对外直接投资所面临的环境优势和主要风险。

7.2.2.1 政治稳定度

巴基斯坦是一个多民族、多信仰的国家，法律法规不够健全，当地政府也对枪支的管控措施不够严格，促使当地的治安水平进一步恶化。巴基斯坦面临的安全问题十分严峻，不稳定的政治状况和令人担忧的治安情况为中国在巴基斯坦的投资活动带来了较高的风险。另外，政府与公民之间存在的信息不对称进一步加剧民众对政府的不信任感，导致民众对发生在当地的投资项目缺乏了解，产生抵触情绪。一旦无法正确处理，可能会发展成严重的群体性事件，对项目开展产生严重的阻碍。

同时，水电站的建设必然涉及征地、补偿方面的问题，受到宗教信仰和传统习俗的影响，许多民众可能对于征地移民事项有着强烈的抵触情绪，如果强行征地移民，很可能遭到当地居民的抗议，导致项目无法继续推进。

7.2.2.2　劳动力成本

巴基斯坦人口约为 2.12 亿，人口较多，劳动力资源极其丰富，且成本较低。根据 2018 年数据，15～64 岁的劳动适龄人口占总人口的比例达到 60.8%。巴基斯坦的最低工资标准也远低于中国，仅为 10 000 卢布，折合人民币约 600 元。当地的平均工资水平也明显低于中国，即使在首都伊斯兰堡，人均工资也仅有约 15 000 卢布（折合人民币约 900 元）。因此，巴基斯坦的劳动力生产要素的成本远低于中国。根据巴基斯坦使馆经济商务参赞处的调查数据，2018 年巴基斯坦国内非核心岗位工资水平如表 7-2 所示。

表 7-2　巴基斯坦国内非核心岗位工资水平

岗位	工资标准/（卢布/月）	工资标准/（美元/月）
领班	40 000～70 000	380.95～666.66
主管	30 000～50 000	285.71～471.69
锅炉工	20 000～30 000	190.47～285.71
电工	20 000～30 000	190.47～285.71
办事员	20 000～30 000	190.47～285.71
录入员	20 000～30 000	190.47～285.71
保安	15 000～25 000	142.85～238.09
司机	15 000～25 000	142.85～238.09
非技术工人	12 000～15 000	114.28～142.85

由于巴基斯坦的国民经济不够发达，国家教育水平普遍落后，当地劳动力的质量普遍不高。基础教育的低普及率造成多数国民只能从事技术水平较低、专业素质要求不高的工种。与之相对应的是，巴基斯坦从事第一产业、第二产业的人数占比很高，大多数当地劳工职业技能比较有限，仅能从事一些基础工作，无法参与水电站建设的大部分核心工作。

对于外籍员工而言，巴基斯坦法律并没有做出非常严格的限制，只需要按照法律规定的步骤提出申请、办理工作签证，即可在巴基斯坦境内合法开展工程建设的相关工作。当地较为灵活的外籍员工引入制度，能有效弥补当地高层次劳动力的短缺问题，为水电站项目的建设提供有效助力。

7.2.2.3　制度环境

根据 2017 年世界银行发布的《全球营商环境报告》，与其他国家相比，外资进入巴基斯坦，并在当地开办企业手续较为复杂，所需时间成本较高。在参与排名的 190 个国家中，巴基斯坦在外商投资便利化水平这一指标上的排名仅为第 141 位。巴基斯坦经常出现能源短缺问题，这种现象不仅影响国民的生活质量，更是严重制约着国家的工业发展和经济增长。为了逐步解决能源问题，克服资金不足、缺乏关键技术、缺乏高技术人员等问题，巴基斯坦政府针对电力发展部分制定了特殊的外商投资优惠政策，鼓励外资进入巴基斯坦，与当地合作解决电力问题。

由于能源发展领域事关国计民生，在引入外资的同时巴基斯坦政府方面也做出了适度的保障措施与承诺。在投资范围方面，巴基斯坦政府规定国外投资者可以投资建设各类电站，并在项目完成后参与管理运营，收取投资回报。但在投资方式方面，政府规定必须采用 BOOT（建造-拥有-运营-移交，build-own-operate-transfer）的方式，即工程完工后，投资单位自主运营一段时间获得收益，在规定的运营期结束后，则必须将项目所有权转交给巴基斯坦政府。同时，为了增大对国外投资者的吸引力，巴基斯坦政府要求电力公司优先配售水力发电产生的电力，并要求购电方必须按要求支付电价。同时，为了保证施工顺利，政府承诺优先供给项目建设期间的水电供应和原材料供应，并采取相应手段降低投资者面临的各项风险。

卡洛特水电站项目地处旁遮普省和信德省两省，因此，除了全国性政策外，还可享受以上两个省当地的优惠政策，包括允许设立全资子公司，提供纳税申报建议，对需要进口的关键设备优惠进口关税、免除消费税，对厂房和设备加速折旧等。除此之外，信德省为了增强对外商投资的吸引力，还在省内建立了工业园区并成立咨询部门，解决疑难问题。同时，信德省还设立机构为外商提供各种融资渠道。

7.2.2.4　基础设施

公路运输是巴基斯坦最主要的运输方式，但是，巴基斯坦的公路建设水平仍较为落后，远低于南亚国家的平均水平。除此之外，巴基斯坦的公路还存在严重的分布不均问题。东部人口较稠密，公路系统比较发达；而西部经济水平较差，暂无高速公路。2019 年起，巴基斯坦制订了扩建公路的"十年投资计划"，用来改善交通运输不畅的状况。

就铁路运输而言，巴基斯坦国内的大部分铁路建于 19 世纪末，并在第二次世界大战中遭到严重破坏。20 世纪以后，铁路建设长期处于停滞状态。国内铁路维护保养情况较差，许多铁路需要修复才能继续使用。同时，铁路系统同样存在严重的分布不均问题。

就水运、空运而言，巴基斯坦国内条件尚不成熟。截至 2009 年，巴基斯坦仅有 15 艘船只用于水运，同时国内仅有 36 个机场，无法实现大规模的水运、空运。同时巴基斯坦的电话普及率仅有 60%，全国互联网用户仅有 350 万户，通信建设也不够发达。

在中巴经济走廊实施前，巴基斯坦国内主要发电方式为火力发电，年缺电量达到 600 万千瓦时，电力供应非常紧张。同时，电网长距离送电损耗率较高，平均损失达到 25%，加剧了电量紧缺的状况。在过去的 20 年中，电力短缺严重影响了巴基斯坦的居民生活、工业发展和经济增长，电力问题已经成为巴基斯坦政府亟须解决的问题。

7.2.3　投资动机及战略规划

7.2.3.1　充分利用政策优势

我国始终坚持对外开放的基本国策，自从加入世界贸易组织以来，更是强调"引进来"和"走出去"的紧密结合。2013 年，我国提出"一带一路"倡议，在对外投资主要集中于发达国家的基础上，着重强调对于发展中国家的直接投资。因此，我国在"一带一路"沿线国家的对外直接投资有着充分的政策基础。三峡集团在巴基斯坦投资建设的卡洛特水电站项目，既是对于国家"一带一路"倡议的充分响应，也是基于中国和巴基斯坦双方政府政策支持下所做出的双赢抉择。

巴基斯坦地理位置独特，与中国长期保持紧密的外交关系，因此在中国提出并主导的"一带一路"倡议中扮演了重要角色。而自中巴经济走廊的概念提出以来，卡洛特水电站是中国在巴基斯坦投资建设的第一个水电工程项目，因而得到两国的充分政策支持。同时，巴基斯坦国内长期面临着电量紧缺的问题，为了吸引外商投资，对于电站项目，巴基斯坦政府还提供了许多额外的优惠政策，如降低税负率、优先供给资源、提供咨询建议等，从而更加有利于中国企业降低投资成本，提高投资收益。此外，中巴经济走廊投资 150 亿美元用于能源项目的建设，充足的资金和先进的技术为项目的开展建立了良好条件。

7.2.3.2　充分利用劳动力资源

巴基斯坦当地存在着大量的低成本劳动力。统计资料显示，巴基斯坦的每月最低工资标准仅相当于人民币 600 元。因此，在该项目的建设期间，三峡集团可充分利用当地的低成本劳动力来推进项目工程的建设，从而节约大量的建设成本，获取更高的投资收益。

同时，项目的建设也为当地提供了大量的就业机会，因而能够获得当地政府的充分支持。在项目建设期间，卡洛特水电站为当地提供了至少 2200 个岗位，大大缓解了当地的就业压力。与此同时，该项目提供的工资收入也远高于当地的平均工资。此项目不仅充分利用了当地低劳动力成本的优势，也为当地居民带来了较高的收入，从而使当地居民增加了对项目的认同感，降低了当地居民的排斥心理。

但当地劳动力素质普遍偏低，缺乏高层次人才，导致项目只能大量雇用当地的低水平人才从事比较基础、技术含量较低的工作，从而无法完全发挥出当地的生产要素优势。另外，职业技能较低的情况也增加了项目的风险。面对这一情况，三峡集团安排了严格的技术规范培训，并实施严格的考核制度，只有通过考核的人员才能正式上岗。与此同时，项目还规定了严格的奖惩制度，遵守技术规范的员工会得到奖励，被发现违规操作的人员则会受到惩罚。一系列的规章制度保证了该项目在充分利用低成本劳动力的同时，将项目风险控制在可接受的低水平上。

7.2.3.3 打开国际市场，充分利用需求

三峡集团本次投资瞄准国际需求，力求打开国际市场。在电力供应方面，中巴经济走廊实施前，巴基斯坦国内处于电量供应十分紧张的状态。巴基斯坦国内共有 66 座电站，总装机容量约 2300 万千瓦，但由于各种原因的影响，实际发电量仅有 1400 万千瓦时，每年将产生高达 600 万千瓦时的电量缺口，达到国内年发电量的 45% 以上。同时，巴基斯坦国内主要的发电方式为火力发电，这种方式不仅能量转化率很低，还会带来严重的环境污染问题。另外，火力发电所消耗的煤炭等化石能源属于不可再生资源，这种发电方式也不具有可持续性。

除发电量严重不足的问题外，由于远距离送电技术的匮乏，巴基斯坦国内的电力输送效率非常低下。数据显示，巴基斯坦国内的电网平均线损高达 25%，这种低效率的电力输送方式使本就紧缺的电量雪上加霜。

在过去的几十年里，巴基斯坦一直处于能源短缺状态。电量的匮乏不仅严重影响居民的生活质量，更是严重制约着国内的经济发展。因此，电力短缺问题已经成为巴基斯坦政府需要重点关注的问题。在这种背景下，三峡集团投资建设的卡洛特水电站直击巴基斯坦国内需求，所产出的电力供不应求，既解决了巴基斯坦国内用电的燃眉之急，同时也成为打开国际市场，跨越国际贸易壁垒的重要手段，完美实现了资源的优化配置。

根据巴基斯坦政府发布的《2030 远景规划》，巴基斯坦已经将电力发展制定为国家的重点任务，计划在未来十年建设大量电站，增加发电量 2.1 万兆瓦。而

在卡洛特水电站建成后，装机容量可达到 72 万千瓦，每年可发电 32.13 亿千瓦时，其产出的电量可供 210 万户家庭使用。

7.2.3.4 寻求生产要素，发挥技术优势

水建站项目的建设必须依托水力资源，并结合先进的水力发电技术才能实现。而巴基斯坦境内有着丰富的水力资源，在巴基斯坦国内建设水电站有着天然的生产要素优势。卡洛特水电站位于巴基斯坦吉拉姆河，是该河水电 5 个梯级电站中的第 4 级，上游梯级为阿扎德帕坦，下游为已建成的曼格拉。坝址位于巴基斯坦旁遮普省境内卡洛特桥上游，下距曼格拉大坝 74 千米，西距伊斯兰堡直线距离约 55 千米，从伊斯兰堡—卡胡塔—科特里路可通向卡洛特场址。

2018 年 9 月 22 日，卡洛特水电站顺利实现大江截流。卡洛特水电站是巴基斯坦国内第一个完全使用中国技术和中国标准建立的水电站，建成后，将凭借技术优势为巴基斯坦带来更为廉价的清洁能源，从而推动该国的经济发展。同时，作为两国合作中的一个先导项目，该项目的技术优势和双赢效应将促进两国的进一步深化合作，为中国企业实现"一带一路"沿线国家的对外直接投资奠定坚实的基础。

7.3 复星医药并购印度药企 Gland Pharma

7.3.1 并购背景

7.3.1.1 环境背景

2013 年，中国正式提出"一带一路"倡议，对于与"一带一路"相关的工作和项目，国家出台各项扶持政策，其中包括财税方面的优惠政策、金融层面的支持、建立贸易合作等。现阶段，政府逐渐加快转型，从监管者的角色向着服务者、支持者转变。在此背景下，中国企业纷纷探索对外直接投资的机会，并着手考虑开展跨国并购。"一带一路"倡议为中国企业走向世界建立了重要的桥梁和纽带，中国企业也迫切希望能够抓住机遇，走出国门。在此背景下，复星医药抓住机遇，多次尝试跨国并购。

印度是"一带一路"沿线的重要国家。根据"一带一路"指数报告，印度在 2020 年 6 月的"一带一路"横向指数中排名第四位。横向指数是描述沿线国家与中国的联系紧密程度的一项指标，前三位分别是新加坡、菲律宾、俄罗斯。

2017 年 10 月，复星医药以 71.42 亿元的价格，收购印度药企 Gland Pharma 74%的股份。通过并购后的整合，逐步实现其国际化战略布局，丰富各类产品线，力争覆盖医药领域全产业链。

7.3.1.2　复星医药简介

复星医药成立于 1994 年，创始人为郭广昌，并于 1998 年在上海证券交易所上市。2020 年，复星医药以 650 亿元市值，排名"2020 胡润中国百强大健康民营企业"第 15 位。

复星医药的主营业务包括四个方面。其中，药品研发与制造是其最重要的业务板块，也是其近些年来投入最多、最为关注的部分。医疗服务则是集团针对目前巨大的市场需求着力发展的业务板块。除此之外，集团还经营医疗器械与医疗诊断、医药分销与零售两大业务板块。

近些年来，复星医药贯彻创新化、整合化、智能化、国际化战略，坚持"内生式增长、外延式扩张、整合式发展"的发展模式，在保持企业高速发展的同时，也获得了出色的企业效益。

复星医药十分重视药品领域的研发创新，在研发上投入重金，引进高水平的研究人才。除国内的科研团队外，还着手建立国际合作，在印度、美国等多个国家均设立了研发中心。经过多年的建设，公司目前已经拥有复星弘创、复宏汉霖等多个具备一定影响力的研发机构。复兴医药的科研机构以高标准为导向，目前具有国际领先水平的创新药系统、高价值仿制药系统和生物药系统。

如今，复星医药在医药产业的多个领域均具有市场占有率高、利润突出的产品，包括抗感染类药物、中枢神经系统类药物等。复星医药始终坚持"持续创新、乐享健康"的观念，着力打造品牌形象，本土研发战略与跨国并购战略双管齐下，在全球领域内对医药产业进行布局。

7.3.1.3　印度药企 Gland Pharma 简介

Gland Pharma 创立于 1978 年，有着 40 多年的历史。Gland Pharma 总部位于海德拉巴，负责人为 Penmetsa Venkata Narasimha Raju。该公司具备较高的技术水平，是印度首家通过美国食品药品监督管理局（Food and Drug Administration，FDA）批准的注射剂药品生产制造企业，同时也获得了全球各大市场的 GMP（good manufacturing practice of medical products，药品生产质量管理规范）认证。目前，该公司的主营业务为生产销售注射剂仿制药品，将产品供应给全球各个制药企业。

Gland Pharma 在科研方面起步较早，因此在多个领域都积累了丰富的经验和众多的科研人才，在药品研发方面具有巨大的影响力。例如，该公司在肝素技术和糖胺聚糖的研发方面，在全球范围内处于领先地位。Gland Pharma 真正吸引复星医药的地方是它独有的能力。第一，Gland Pharma 具备强大的注射剂产品研发能力，其具备超过 200 人的科研团队，并配有先进的科研设备。第二，Gland Pharma 具备注射剂仿制药的注册能力，其对全球主要国家的注册法规均有深入的了解，这种能力是复星医药所不具备而又急需的。第三，Gland Pharma 具有一套运行规范的质量保障管理体系，能够对产出的产品提供必要的质量保证。

Gland Pharma 致力于注射剂药品的研发生产，与复星医药的主营业务能够形成良好的协同作用，其自身运营良好，产品种类丰富，在印度的同产业市场中占据着很大的市场份额，其主要客户群体是西方发达国家。

7.3.2　并购动因

7.3.2.1　寻求先进技术，提升科研能力

Gland Pharma 的核心产品为肝素、肝素钠，虽然仍属于仿制药品的范畴，但完成仿制的难度却非常大。依托这类行业领先的药品生产技术，在未来的数年中，其核心产品将持续保有很强的竞争力，从而为公司持续不断的提供现金流。

Gland Pharma 具有强大的科研能力和全球领先的技术，其研发团队拥有大量相关人才，科研实力在印度相关产业居于领先地位。本次并购完成后，在后续的整合阶段中，复星医药将着力促成双方科研团队的深入交流，扩大协同作用，结合双方优势，促成更多更加有竞争力的创新产品，获取 Gland Pharma 企业团队的强大科研能力也是本次跨国并购的重要动因之一。

7.3.2.2　拓展业务种类

截至 2017 年，Gland Pharma 有超过 65 种注射剂制品出口到美国市场，而在美国、欧洲地区之外，更是有至少 150 种产品在其他国家出口。此外，Gland Pharma 得到了美国 FDA 认证，这种认证资格在印度企业中非常稀有。复星医药本次并购 Gland Pharma 的举措可以在较大程度上拓宽自己在医药生产领域的广度，引入多种广受市场好评的药物，从而使自己在医药领域的产业布局更加全面，提升了企业的抗风险能力。

7.3.2.3　寻求国外市场，布局全球化战略

由于中印两国外交关系的持续波动，中国的药品企业向印度出口药品的尝试常常会受到重重阻碍。两国的文化理念冲突会导致印度国民对于中国制造的药品产生抵触心理，从而使得出口的效果大打折扣。同时，出口药品也面临着巨大的税负压力，使得开拓印度市场成为一个不小的难题。

基于此种状况，实施跨国并购战略可谓是一种适时的选择。通过对印度药企Gland Pharma 的并购，复星医药可以迅速打破贸易壁垒，通过印度当地的药企将中国制造的产品推向印度市场，并获取印度当地的分销渠道，打开两国之间药品贸易往来的通道。

近年来，复星医药开始进行全球化战略布局，对行业内的优秀企业开展并购整合，实现资源的优化配置。通过本次对 Gland Pharma 的收购，复星医药迅速打入仿制药市场，并将 Gland Pharma 的核心产品引入国内，推向世界，为进一步推进全球化战略打好基础。通过本次并购，复星医药实现了对自身品牌影响力的快速提升。

7.3.2.4　响应政策号召

21 世纪是一个经济全球化的时代。随着"一带一路"倡议的逐渐落实，我国开始在世界舞台上扮演越来越重要的角色。随着经济全球化的不断深入，开展跨国并购已经成为企业走向全球的重要手段。越来越多的企业选择走出国门，通过各种方式实现国际化战略。在 2013 年我国提出"一带一路"倡议后，为了促进中国企业更好地实现国际化，我国出台了一系列优惠政策：跨国并购的制度保障、财税优惠政策、签署贸易协定等。借助政策扶持，复星医药抓住机遇，实现产业的国际化布局。

7.3.3　并购绩效

7.3.3.1　财务绩效

在超额收益率方面，为确保结果准确，选择（-15，15）作为窗口期。在这段时间内，复星医药的超额收益率在 0 附近。值得关注的是，在并购完成后，超额收益率基本都为正数，并在并购后 5 天内持续为正。在并购后首日，超额收益率

达到 12.9%。采用计算累计超额收益率的方式，可得出累计超额收益率持续增长的结果。在并购后第 15 天，该累计值已经超过 42%。因此，本次跨国并购在短期内对企业绩效发生了正向影响。

在盈利能力方面，根据营业净利率、净资产收益率、总资产净利率等指标来看，并购那年（2017 年）及 2018 年，复星医药的盈利能力出现较大幅度的下降。虽在 2019 年有所回升，但未达到 2016 年的水平。同时，从财务分析中可以得出，2015～2019 年销售费用的迅速上涨是导致盈利下滑的首要原因。2019 年，复星医药为了进一步开拓市场，投入重金开展营销，包括多项新产品的推广、在国外组建新的营销团队等，另外，还涉及部分产品销售模式的调整。2019 年，净资产收益率和总资产净利率有所回升，说明经过短期的磨合，本次并购有望给复星医药带来长期的盈利能力水平的提升（表 7-3）。

表 7-3　2015～2019 年复星医药盈利能力指标

指标	2015 年	2016 年	2017 年	2018 年	2019 年
净资产收益率	13.53%	12.64%	12.34%	9.68%	10.42%
总资产净利率	14.25%	14.27%	12.23%	10.56%	12.72%

在偿债能力方面，根据资产负债率、流动比率、现金比率三个指标来看，在并购那年（2017 年），复星医药的偿债能力降低至 2015～2019 年的最低值，这主要是跨国并购业务耗费大量现金，致使公司流动性下降而导致的。在并购后，随着流动资金的手绘，在 2018 年、2019 年，复星医药的偿债能力迅速回升。多年来，复星医药着力开展全球化战略，跨国并购发生次数较多，致使企业的资产负债率居高不下，长期保持在 50% 上下。高杠杆的扩张模式使复星医药的偿债能力受到广泛质疑，若无法解决资产结构失调的问题，恐无法给投资者足够的信心。随着 2018 年、2019 年流动比率、现金比率的回升，公司的短期偿债能力相比并购当年有了显著的好转，能够为进一步融资奠定良好的基础（表 7-4）。

表 7-4　2015～2019 年复星医药偿债能力指标

指标	2015 年	2016 年	2017 年	2018 年	2019 年
资产负债率	45.89%	42.31%	52.01%	52.39%	48.50%
流动比率	0.76%	1.06%	0.91%	1.00%	1.17%
现金比率	36.83%	59.32%	43.67%	47.68%	54.68%

在营运能力方面，根据总资产周转率、流动资产周转率、应收账款周转率等指标来看，并购那年（2017 年）营运能力最差。在 2018 年营运能力有所回升，2019 年又出现了下滑。财务报表显示，2017 年复星医药期末应收账款同比增长 65.29%，应收账款回收期明显延长。销售规模的增加和合并财务报表带来的影响在短期内导致营运效率出现了下降。同时，由于跨国并购投入了较多资金，同时对于创新产品的前期研发投入较多，对公司的总资产周转率产生了负面影响。总体来看，在并购的当年，公司的营运能力显著下降，随后，营运能力指标虽然有所回升，但总体而言，复星医药跨国并购后的营运能力并未达到预期（表 7-5）。

表 7-5　2015～2019 年复星医药营运能力指标

指标	2015 年	2016 年	2017 年	2018 年	2019 年
流动资产周转率	1.48%	1.53%	1.44%	1.51%	1.49%
总资产周转率	0.34%	0.36%	0.35%	0.38%	0.39%
应收账款周转率	7.78%	7.90%	7.11%	7.25%	7.15%

在成长能力方面，根据总资产增长率、营业收入增长率、净利润增长率等指标，评价企业的成长速度和发展潜力。在 2015～2019 年中，除 2015 年成长能力较低外，增长率一直处于较高的水平。2017 年、2018 年公司的营业收入分别为 185.3 亿元、249.2 亿元。值得一提的是，公司在 2018 年净利润增长率为负数，这主要是由于合并了 Gland Pharma 所致。此外，在 2018 年，公司在研发方面投入重金，研发投资额高达 25.07 亿元，比 2017 年增长 38.26%。而由于研发投入的回报周期较长，在短期内无法体现在成长能力数据上。在总资产增长率方面，2018 年、2019 年增长速度较低，分别为 13.85%、7.89%，主要原因在于公司在海外设立的许多研发机构还处于筹建期。因此，在本次跨国并购完成后，显著提升了公司的营业收入增长率，但净利润增长率和总资产增长率则由于受到研发投入、资产投入等的影响，并未体现出明显的提升。但从总体上看，此次并购提升了复星医药的成长能力（表 7-6）。

表 7-6　2015～2019 年复星医药发展能力指标

指标	2015 年	2016 年	2017 年	2018 年	2019 年
总资产增长率	8.11%	14.57%	41.59%	13.85%	7.89%
营业收入增长率	4.85%	16.02%	26.69%	34.45%	14.72%
净利润增长率	21.13%	12.22%	11.3%	−15.77%	23.96%

7.3.3.2 非财务绩效

并购整合后，复星医药获取了许多先进技术，也显著提升了自身的研发能力。在并购后一年（2018 年），复星医药在各个方面均展现出研发能力的提升。2018 年，在专利申请方面，复星医药在药品领域获取的专利数量由 2017 年的 84 项提升到 99 项，其中包括美国专利 12 项、印度专利 5 项、专利合作条约（patent cooperation treaty，PCT）申请 4 项，并获得发明专利授权 35 项。在研发数量方面，从 2017 年的 171 项增加到 2018 年的 215 项，设计研制新药、仿制药品等各个类别，表明公司的研发实力进一步增强。在成果方面，Gland Pharma 的 5 种仿制药品获 FDA 认证，进入上市筹备阶段；同时 9 个小分子创新药产品、9 个适应症在国内获得了临床研究批准，在世界范围内，已经累计获得 27 个临床研究许可。在科研团队方面，专家人数由 2017 年的 1316 人，增长为 2018 年的 1580 人，在 2019 年，团队进一步扩张到 2147 人。在研发投入方面，2018 年公司的研发资金为 25.07 亿元，其中 22.5 亿元投入了制药领域，同比增长 76.49%，远超同行业的平均水平（11.48 亿元）。在核心产品方面，复星医药销售过亿的制剂数量由 2017 年的 21 种提升到 2018 年 29 种。种种数据表明，本次跨国并购为复星医药带来了多项新技术，也显著提升了公司的研发能力。

跨国并购完成后，复星医药提升了自身的品牌价值和市场认可度。2018 年，复星医药进入"2018 年度中国医药工业百强"前十位（第 7 名），比 2017 年提升了 4 名；在 200 余家上市医药企业中，复星医药市值达到行业均值的 7 倍，位列所有企业第 4 名。

Gland Pharma 在世界范围内有着很高的认可度，在注册申报上，也具备很强的能力。在完成本次并购后，复星医药能够以此为契机打入欧美市场。截止到 2019 年，Gland Pharma 净利润同比增长 52.2%，15 个仿制产品获得美国 FDA 上市批准。同年，复星医药在美国成立销售公司，建立专门的营销团队打开美国市场。本次并购是复星医药布局全球战略的一项重要举措，复星医药通过跨国并购，逐步成为中国企业实现全球化的领军者。

本次跨国并购后，复星医药的海外地区营业收入大幅提升。2017 年，复星医药国内营业收入为 151 亿元，海外营业收入为 33.5 亿元，分别同比增长 21.4%、57.88%。2018 年，营业收入为 190.1 亿元，海外营业收入为 59.1 亿元，分别同比增长 25.22%、76.26%。因此，本次并购帮助复星医药顺利打开海外市场，大幅提升其国际市场份额。

8 结论与展望

8.1 对中国企业对外直接投资的创新与贡献

8.1.1 国有企业对外直接投资动因

根据企业经营范围将对外直接投资企业划分为非经营型对外直接投资企业、综合型对外直接投资企业、贸易销售型对外直接投资企业和研发加工型对外直接投资企业四种类型。

国有企业表现出来的对外直接投资动因，主要为非经营型和综合型。非经营型表现为如中国水电建设集团国际工程有限公司在海外建立代表处或分公司，负责对外联络、收集信息、协调和管理项目监管、协调项目及公司所在国的所有机构、与当地政府及相关机构联络工作等业务。综合型表现为企业大多在海外进行相应行业的工程承包，或者是相关制造、进出口服务、设计和技术咨询服务等，涉及项目庞大、金额众多。可以看出这些企业在海外设立的机构具有行业前瞻性和战略性。例如，较为典型的"一带一路"大型工程项目投资，这些国有企业对外直接投资更看重远期的行业和市场控制位置。

8.1.2 基于企业价值网络的对外直接投资绩效

伴随着经济全球化的展开，跨国并购逐渐成为企业进行跨越式经营的重要方式，我国企业跨国并购规模不断扩大，并购使得原本无关的企业之间产生相互关联的价值链节。企业之间原有及新增的所有价值链节整合形成价值网络系统，跨国并购产生的新链节势必会对价值网络造成影响。基于以上观点，本书从现有研究较少涉及的中观层面出发，研究跨国并购对企业的影响。将 Zephyr 全球并购数据库和 Wind 数据库进行合并匹配，选取 2013～2017 年中国 A 股上市公司为研究对象，计算企业价值网络位置这一中观层面数据，使用 PSM 法解决样本数据可能存在的内生性后，综合行业性质差异和东道国性质差异分析了企业跨国并购对企业价值网络位置的影响。本书主要结论如下。

第一，总体层面上，通过对样本进行 PSM 后进行基准检验发现，跨国并购与企业价值网络位置之间有显著的正向关系，即企业的跨国并购行为有利于改善企业价值网络位置，检验结果具有稳健性。

第二，根据不同划分角度的分样本回归结果表明，企业进行跨国并购活动对自身价值网络位置的影响在不同层面上具有差异性。具体表现为，并购方为国有企业时，非制造业企业进行跨国并购对自身价值网络位置改善效果更好。

第三，针对分行业进行深入研究发现，跨国并购对典型的资本密集型生产方式的资源加工业和技术含量高机械电子业是显著的促进作用。

8.2　对中国企业对外直接投资管理实践的启示

基于上述研究结果，本书从企业自身角度、外部政府管理与指导两个方面提出如下建议。

8.2.1　引导企业制定长期的战略性的目标

第一，关注企业自身长期绩效的改善。在经济全球化的大背景下，各行业产业链逐渐完善。越来越多的企业意识到外部的供应商和客户对企业自身发展的重要性，对于集中度不高的企业，前五大供应商和客户的采购及销售金额占比在 30%左右；对于集中度较高的企业，前五大供应商和客户的采购及销售金额占比在 80%左右，对企业成本和销售额有较为明显的影响。想要改善企业自身的价值网络位置，不仅要依靠外部获取更为优质的供应商和客户，更要通过企业自身的经营发展和建立良好的合作关系，适合企业的直接投资活动是建立合作的渠道之一。同时，企业应加强对自身在行业中位置的关注，结合自身经营现状积极改善中心度和结构洞的情况。

第二，利用对外直接投资改善企业自身的长期战略位置。跨国并购作为改善企业价值网络位置的方式之一，应当受到企业的足够重视。在企业未来的发展战略中，跨国并购可以成为其中关键的一环。在跨国并购完成后的第一年和第二年，并购企业要立足长远，把握时机，优化自身供应商和客户等关系链节因素，提升自身核心竞争力和中介作用。结合自身情况，因地制宜地进行发展。通过跨国并购，我国企业可以增强国际竞争力，在世界经济舞台上发挥更大的作用，提升自身水平，逐渐成为世界经济领军者。作为企业，应该主动了解自身进行跨国并购的可能性及具体操作流程，抓住合适机会。从政府角度，随着我国跨国并购的规模逐渐增长，可进行相关研究，为我国企业进行跨国并购提供良好的理论支持和政策支持，为企业通过跨国并购改善价值网络位置提供一定的帮助。国内外经济环境及法律法规存在差异性，政府可建立跨国并购信息云共享平台及云交流平台，实现企业间的信息共享，通过加强企业间的交流获取并购经验，通过减少信息不对称的现象来降低企业进行并购的成本，提高跨国并购成功率。

8.2.2 继续为中国企业对外直接投资护航

第一，关注针对非发达经济体的投资机会。不同国家的差异性对我国企业的发展有着不同的作用，企业应从自身发展需求出发，选择适合的直接投资领域或市场，争取通过对外直接投资改善企业的长期战略绩效。针对近年来国际上对中国企业投资的约束问题，一方面，我国政府应积极地加强与发达国家的沟通交流，逐渐缓解国际上不良的贸易保护主义，减少企业的投资壁垒，实现国家之间的双赢；另一方面，寻找更为合适的合作国家，打开更多的潜在市场，以"一带一路"沿线国家为主要发展对象，为经济全球化贡献一份力量。

第二，关注对外直接投资尤其是跨国并购可能遇到的风险。企业在选择目标企业时，应结合自身实际情况。虽然跨国并购能够在一定程度上改善企业的价值网络位置，但是近年来并购失败的案例亦存在，尤其是近期国际环境不确定性提高，企业应关注跨国并购过程中可能存在的风险，不可盲目冲动，通过跨国并购改善企业价值网络位置是循序渐进的过程。在初始阶段，首先结合自身经营现状制定未来发展战略，制订并购整合方案。对跨国并购过程中可能会发生的资金需求高、管理整合难等问题提前制订解决方案。选取并购对象时，既要评估自身在东道国的经营能力和内部财务状况，又要评估国内外政治经济情况及法律法规要求，为未来的长远发展打下坚实的基础。其次，对标的企业进行全面的尽职调查，可寻找第三方专业资产评估公司确定资产情况，防止出现高溢价收购等情况发生。最后，对相关领域范围内的成功与失败的并购案例进行深入了解。在跨国并购过程中，企业要时刻关注财务、资产、技术、战略发展等方面的投资回报情况。并购后期，依据企业特定确定自身与被并购企业之间的管理关系，对于带有强烈本地特色的企业可实施独立运营，实现并购绩效最大化。政府应加强企业跨国并购的资格审查，设定并购标准，防范并购中可能存在的风险，提升我国企业跨国并购成功率。

参 考 文 献

白玫，刘新宇. 2014. 中国对外直接投资对产业结构调整影响研究[J]. 国际贸易，（2）：38-43.

卜伟，易倩. 2015. OFDI 对我国产业升级的影响研究[J]. 宏观经济研究，（10）：54-61.

常玉春. 2011a. 我国对外直接投资的逆向技术外溢——以国有大型企业为例的实证[J]. 经济管理，33（1）：9-15.

常玉春. 2011b. 我国企业对外投资绩效的动态特征——以国有大型企业为例的实证分析[J]. 财贸经济，（2）：87-94，137.

常玉春. 2014. 中国国有企业对外直接投资的微观效应研究[M]. 北京：经济管理出版社.

陈建奇. 2014. 对外直接投资推动产业结构升级：赶超经济体的经验[J]. 当代经济科学，36（6）：71-77，124.

陈俊聪. 2015. 对外直接投资对服务出口技术复杂度的影响——基于跨国动态面板数据模型的实证研究[J]. 国际贸易问题，（12）：64-73.

陈俊聪，黄繁华. 2013. 对外直接投资与出口技术复杂度[J]. 世界经济研究，（11）：74-79，89.

陈漓高，张燕. 2007. 对外直接投资的产业选择：基于产业地位划分法的分析[J]. 世界经济，（10）：28-38.

陈丽丽. 2015. 国际投资模式与中国"走出去"企业绩效异质性：基于 KS 检验及分位数估计[J]. 国际贸易问题，（7）：118-127.

陈时兴. 2011. 中国产业结构升级与金融发展关系的实证研究[J]. 中国软科学，（S2）：72-78.

陈小文. 2007. 技术寻求型对外直接投资和中国企业的跨国经营[J]. 南京财经大学学报，（1）：18-22.

陈彦蓉. 2020. 荷兰对外直接投资研究[D]. 北京：中国社会科学院大学研究生院.

陈志国，宋鹏飞. 2015. 中国对外直接投资经济效应的研究综述及展望[J]. 河北大学学报（哲学社会科学版），40（1）：81-85.

丛静，张宏. 2016. 战略资产获取与中国 OFDI 企业的"自我选择"效应——基于中国制造业上市公司的分析[J]. 南方经济，（11）：40-58.

崔传江. 2018. 企业对外直接投资与出口产品技术提升[D]. 大连：大连理工大学.

戴翔. 2016. "走出去"促进我国本土企业生产率提升了吗?[J]. 世界经济研究，（2）：78-89，136-137.

丁辉. 2013. 国有企业海外并购现状及问题分析[J]. 科技创业月刊，26（2）：53-55.

董伕，杨清，曹宗平. 2008. 广东省对外直接投资对其人均 GDP 水平影响的实证研究[J]. 国际贸易问题，（5）：55-58.

杜群阳，朱勤. 2004. 中国企业技术获取型海外直接投资理论与实践[J]. 国际贸易问题，（11）：66-69.

段小梅，李晓春.2020. 中国对外投资：发展历程、制约因素与升级策略[J]. 西部论坛，30（2）：109-124.

冯春晓.2009. 我国对外直接投资与产业结构优化的实证研究——以制造业为例[J]. 国际贸易问题，（8）：97-104.

冯正强，苏娟.2017. 企业对外直接投资速率对企业绩效的影响——来自沪深 A 股的经验分析[J]. 财会月刊，（24）：54-61.

冯志坚，谭忠真.2008. 对外直接投资与母国产业升级的理论分析[J]. 沈阳教育学院学报，（1）：90-93.

付永萍，马永. 2015. 对外直接投资对战略性新兴企业创新绩效的影响研究[J]. 湖南社会科学，（4）：132-136.

付永萍，芮明杰，马永.2016. 研发投入、对外直接投资与企业创新——基于战略性新兴产业上市公司的研究[J]. 经济问题探索，（6）：28-33.

干春晖，郑若谷，余典范. 2011. 中国产业结构变迁对经济增长和波动的影响[J]. 经济研究，（5）：4-16，31.

高厚宾，吴先明.2018. 新兴市场企业跨国并购、政治关联与创新绩效——基于并购异质性视角的解释[J]. 国际贸易问题，（2）：137-148.

高丽峰，李文芳，于雅倩.2013. 美国对外直接投资与产业升级的关系研究[J]. 经济经纬，（6）：72-76.

葛顺奇，罗伟. 2013. 中国制造业企业对外直接投资和母公司竞争优势[J]. 管理世界，（6）：28-42.

顾露露，Reed R. 2011. 中国企业海外并购失败了吗?[J]. 经济研究，46（7）：116-129.

顾露露，雷悦，蔡良. 2017. 中国企业海外并购绩效的制度环境解释——基于倾向配比评分的全现金支付方式分析[J]. 国际贸易问题，（12）：36-46.

郭静雪.2021. 日本对外直接投资的国内产业结构升级效应研究[D]. 上海：上海外国语大学.

洪联英，罗能生.2007. 全球生产与贸易新格局下企业国际化发展路径及策略选择——基于生产率异质性理论的分析方法[J]. 世界经济研究，（12）：55-61，87.

胡若痴，皇甫凌燕.2014. 中外装备制造企业跨国并购绩效影响因素比较——基于 DEA 方法的实证分析[J]. 财政研究，（10）：38-41.

黄凌云，罗琴，刘夏明.2014. 我国跨国公司 OFDI 的市场效应——基于不同所有制企业的分析[J]. 国际贸易问题，（12）：125-135.

黄勇，谢琳灿.2020. 中国对外投资发展的历史回顾、最新形势和趋势展望[J]. 全球化，（5）：29-41，134-135.

冀相豹. 2014. 中国对外直接投资影响因素分析——基于制度的视角[J]. 国际贸易问题，（9）：98-108.

贾妮莎，韩永辉，邹建华.2014. 中国双向 FDI 的产业结构升级效应：理论机制与实证检验[J]. 国际贸易问题，（11）：109-120.

贾振霞.2020. 中国对 "一带一路" 沿线国家对外直接投资问题研究[D]. 长春：吉林财经大学.

蒋冠宏. 2015. 企业异质性和对外直接投资——基于中国企业的检验证据[J]. 金融研究,（12）：81-96.

井百祥,刘平. 2002. 基于微观经济与战略动因的跨国并购[J]. 国际贸易问题,（11）：40-43,61.

卡玛尔（Muhammad Abdul Kamal）. 2015. 中国对亚洲直接投资的趋势决定因素和动机[D]. 武汉：华中科技大学.

李东坤,邓敏. 2016. 中国省际 OFDI、空间溢出与产业结构升级——基于空间面板杜宾模型的实证分析[J]. 国际贸易问题,（1）：121-133.

李逢春. 2012. 对外直接投资的母国产业升级效应——来自中国省际面板的实证研究[J]. 国际贸易问题,（6）：124-134.

李逢春. 2013. 中国对外直接投资推动产业升级的区位和产业选择[J]. 国际经贸探索,29（2）：95-102.

李宏兵,郭界秀,翟瑞瑞. 2017. 中国企业对外直接投资影响了劳动力市场的就业极化吗?[J]. 财经研究,43（6）：28-39.

李辉. 2007. 经济增长与对外投资大国地位的形成[J]. 经济研究,（2）：38-47.

李磊,蒋殿春,王小霞. 2017. 企业异质性与中国服务业对外直接投资[J]. 世界经济,40（11）：47-72.

李磊,郑昭阳. 2012. 议中国对外直接投资是否为资源寻求型[J]. 国际贸易问题,（2）：146-157.

李廉水,程中华,刘军. 2015. 中国制造业“新型化”及其评价研究[J]. 中国工业经济,（2）：63-75.

李梅,柳士昌. 2012. 对外直接投资逆向技术溢出的地区差异和门槛效应——基于中国省际面板数据的门槛回归分析[J]. 管理世界,（1）：21-32,66.

李凝,胡日东. 2011. 转型期中国对外直接投资地域分布特征解析：基于制度的视角[J]. 经济地理,31（6）：910-914,939.

李蕊. 2003. 跨国并购的技术寻求动因解析[J]. 世界经济,（2）：19-24,79.

李享章. 2012. 国有企业 OFDI 的特殊地位与政策需求[J]. 南京邮电大学学报（社会科学版）,14（1）：61-67.

梁莹莹. 2017. 中国物流企业对外直接投资绩效影响机理与传导路径——基于制度环境和金融发展的双调节效应[J]. 中央财经大学学报,（9）：89-99.

廖运凤. 2007. 中国企业海外并购中面临的微观问题分析[J]. 国有资产管理,（12）：63-65.

廖运凤,金辉. 2007. 中国企业海外并购的现状与问题[J]. 管理现代化,（4）：35-37.

林治洪,陈岩,秦学志. 2012. 中国对外投资决定因素——基于整合资源观与制度视角的实证分析[J]. 管理世界,（8）：165-166.

刘辉群,王洋. 2011. 中国对外直接投资的国内就业效应：基于投资主体和行业分析[J]. 国际商务（对外经济贸易大学学报）,（4）：82-87.

刘慧,綦建红. 2015. 异质性 OFDI 企业序贯投资存在区位选择的“路径依赖”吗[J]. 国际贸易问题,（8）：123-134.

刘亮,万解秋. 2011. 国外跨国并购理论：从动因论到效应论[J]. 国外社会科学,（6）：123-128.

刘明霞. 2009. 我国对外直接投资的逆向技术溢出效应——基于省际面板数据的实证分析[J].
　　国际商务（对外经济贸易大学学报），（4）：61-67.

刘青，陶攀，洪俊杰. 2017. 中国海外并购的动因研究——基于广延边际与集约边际的视角[J].
　　经济研究，52（1）：28-43.

刘勰，李元旭. 2016. 我国企业跨国并购绩效影响因素的研究[J]. 国际商务（对外经济贸易大学
　　学报），（3）：65-73.

刘一. 2015. 中国国有企业海外投资效率的影响因素探析[J]. 商场现代化，（16）：13.

刘寅龙. 2012. 中国海外并购的基本特征及其面临的特殊障碍[J]. 中国外资，（20）：6-8.

卢进勇，闫实强. 2005. 中国企业海外投资模式比较分析[J]. 国际经济合作，（3）：24-29.

鲁晓东. 2014. 技术升级与中国出口竞争力变迁：从微观向宏观的弥合[J]. 世界经济，37（8）：
　　70-97.

鲁晓东，连玉君. 2012. 中国工业企业全要素生产率估计：1999—2007[J]. 经济学（季刊），11（2）：
　　541-558.

罗家德，王竞. 2010. 圈子理论——以社会网的视角分析中国人的组织行为[J]. 战略管理，2（1）：
　　12-24.

罗珉，高强. 2011. 中国网络组织：网络封闭和结构洞的悖论[J]. 中国工业经济，（11）：90-99.

罗伟，葛顺奇. 2013. 中国对外直接投资区位分布及其决定因素——基于水平型投资的研究[J].
　　经济学（季刊），12（4）：1443-1464.

马慧. 2016. 中国对"一带一路"沿线国家直接投资发展研究[D]. 保定：河北大学.

马亚明，张岩贵. 2003. 技术优势与对外直接投资：一个关于技术扩散的分析框架[J]. 南开经济
　　研究，（4）：10-14，19.

马宇. 2014. 我国对外直接投资的现状、风险及对策[J]. 山东工商学院学报，28（1）：90-94.

毛其淋，许家云. 2014. 中国对外直接投资促进抑或抑制了企业出口?[J]. 数量经济技术经济研
　　究，31（9）：3-21.

蒙丹. 2013. 竞争优势、跨国并购与全球价值网络的关联度[J]. 改革，（1）：125-132.

倪中新，花静云，武凯文. 2014. 我国企业的"走出去"战略成功吗?——中国企业跨国并购绩效
　　的测度及其影响因素的实证研究[J]. 国际贸易问题，（8）：156-166.

欧阳艳艳，喻美辞. 2011. 中国对外直接投资逆向技术溢出的行业差异分析[J]. 经济问题探索，
　　（4）：101-107.

潘红波，夏新平，余明桂. 2008. 政府干预、政治关联与地方国有企业并购[J]. 经济研究，（4）：
　　41-52.

潘素昆，袁然. 2014. 不同投资动机OFDI促进产业升级的理论与实证研究[J]. 经济学家，（9）：
　　69-76.

潘颖，刘辉煌. 2010. 中国对外直接投资与产业结构升级关系的实证研究[J]. 统计与决策，（2）：
　　102-104.

祁春凌，黄晓玲，樊瑛. 2013. 技术寻求、对华技术出口限制与我国的对外直接投资动机[J]. 国
　　际贸易问题，（4）：115-122.

祁婧. 2014. 金砖四国对外直接投资决定因素的比较研究[D]. 上海：复旦大学.

邱喆成. 2015. 对外直接投资、创新能力提升与国有经济比重——基于我国省际面板数据的研究[J]. 上海经济研究，（9）：24-30，128.

汝毅，郭晨曦，吕萍. 2016. 高管股权激励、约束机制与对外直接投资速率[J]. 财经研究，42（3）：4-15.

阮营诗. 2007. 二战后美日对外直接投资产业选择比较分析[D]. 长春：吉林大学.

沙文兵. 2014. 东道国特征与中国对外直接投资逆向技术溢出——基于跨国面板数据的经验研究[J]. 世界经济研究，（5）：60-65，73，89.

邵新建，巫和懋，肖立晟，等. 2012. 中国企业跨国并购的战略目标与经营绩效：基于 A 股市场的评价[J]. 世界经济，35（5）：81-105.

宋维佳. 2008. 基于产业结构调整视角的我国对外直接投资研究[J]. 社会科学辑刊，（2）：82-86.

宋维佳，王军徽. 2012. ODI 对母国制造业产业升级影响机理分析[J]. 宏观经济研究，（11）：39-45，91.

宋跃刚，吴耀国. 2016. 制度环境、OFDI 与企业全要素生产率进步的空间视角分析[J].世界经济研究，（11）：70-85，136.

苏建军，徐璋勇. 2014. 金融发展、产业结构升级与经济增长—理论与经验研究[J]. 工业技术经济，（2）：139-149.

宿晓，王豪峻. 2016. 高管海外背景、政治关联与企业对外直接投资决策——基于中国上市公司的实证分析[J]. 南京财经大学学报，（6）：63-73.

孙华鹏，苏敬勤，崔淼. 2014. 中国民营企业跨国并购的四轮驱动模型[J]. 科研管理，35（10）：94-100.

孙淑伟，何贤杰，赵瑞光，等. 2017. 中国企业海外并购溢价研究[J]. 南开管理评论，20（3）：77-89.

孙晓华，王昀. 2014. 企业规模对生产率及其差异的影响——来自工业企业微观数据的实证研究[J]. 中国工业经济，（5）：57-69.

谭洪益. 2015. 我国上市公司海外并购的财富效应研究[J]. 山东工商学院学报，29（6）：108-112，118.

汤婧，于立新. 2012. 我国对外直接投资与产业结构调整的关联分析[J]. 国际贸易问题，（11）：42-49.

汤晓军，张进铭. 2013. 企业异质性与对外直接投资决策——基于中国制造业百强企业的分析[J]. 江西社会科学，33（1）：61-65.

唐任伍，王宏新. 2002. 国际产品生命周期与企业跨国经营——兼评弗农国际产品生命周期理论[J]. 经济管理，（23）：49-52.

田海峰，黄祎，孙广生. 2015. 影响企业跨国并购绩效的制度因素分析——基于 2000～2012 年中国上市企业数据的研究[J]. 世界经济研究，（6）：111-118，129.

田巍，余淼杰. 2012. 企业生产率和企业 "走出去" 对外直接投资：基于企业层面数据的实证研究[J]. 经济学（季刊），11（2）：383-408.

田泽，诸竹君，刘超. 2017. 中国企业对非洲直接投资提高了加成率吗?[J]. 现代经济探讨，（7）：55-62.

万丽娟. 2005. 中国对外直接投资绩效分析与发展对策[D]. 重庆：西南大学.

汪琦. 2004. 对外直接投资对投资国的产业结构调整效应及其传导机制[J]. 国际贸易问题，（5）：73-77.

王方方，赵永亮. 2012. 企业异质性与对外直接投资区位选择——基于广东省企业层面数据的考察[J]. 世界经济研究，（2）：64-69，89.

王健朴. 2012. 我国国有企业对外直接投资特定性风险探析[J]. 现代经济探讨，（5）：54-58.

王静. 2020. 美国对外直接投资的发展及对我国的启示[J]. 科技和产业，20（4）：159-162.

王玲玲，李韬，顾江洪. 2017. 中国企业对外投资与经济绩效生产率悖论检验[J]. 广西财经学院学报，30（3）：63-72.

王荣朴，宣国良. 2004. 中国企业对外投资的历史总结[J]. 发展研究，（1）：47-49.

王晓红. 2017. 我国企业对外直接投资现状及对策研究[J]. 中国社会科学院研究生院学报，（3）：38-52.

王英，周蕾. 2013. 我国对外直接投资的产业结构升级效应——基于省际面板数据的实证研究[J].中国地质大学学报（社会科学版），13（6）：119-124.

王滢淇，阚大学. 2013. 对外直接投资的产业结构效应——基于省级动态面板数据的实证研究[J]. 湖北社会科学，（5）：82-85.

王宇露，李元旭. 2009. 海外子公司东道国网络结构与网络学习效果——网络学习方式是调节变量吗[J]. 南开管理评论，12（3）：142-151，160.

王振华，李旭. 2015. 技术进步、产业结构升级与县域经济增长—以辽宁省为例[J]. 农业技术经济，（2）：68-75.

王震. 2014. 论国有企业海外并购资本监管的最低报酬率[J]. 新会计，（5）：6-8.

王志乐. 2007. 外资并购与国家经济安全[J]. 中国外资，（6）：10-13.

王自锋，白玥明. 2017. 产能过剩引致对外直接投资吗?——2005～2007 年中国的经验研究[J]. 管理世界，（8）：27-35，63.

危平，唐慧泉. 2016. 跨国并购的财富效应及其影响因素研究——基于双重差分方法的分析[J]. 国际贸易问题，（11）：120-131.

文东伟，冼国明. 2009. 中国企业的海外并购：现状、问题与思考[J]. 国际经济合作，（11）：4-12.

文伟东. 2015. ZY 企业技术创新管理研究[D]. 哈尔滨：东北农业大学.

吴剑峰，吕振艳. 2007. 资源依赖、网络中心度与多方联盟构建——基于产业电子商务平台的实证研究[J]. 管理学报，（4）：509-513.

谢娟娟，梁莹莹，张加恩. 2013. 中国对外直接投资模式与决定因素——基于 2000—2010 年面板数据的实证研究[J]. 经济问题探索，（10）：154-163.

谢孟军，汪同三，崔日明. 2017. 中国的文化输出能推动对外直接投资吗?——基于孔子学院发展的实证检验[J]. 经济学（季刊），16（4）：1399-1420.

徐传谌，张行. 2015. 国有企业海外并购中的经济安全问题研究[J]. 经济体制改革，（2）：

110-114.

徐春华，刘力. 2013. 省域居民消费、对外开放程度与产业结构升级——基于省际面板数据的空间计量分析[J]. 国际经贸探索，（11）：39-52.

徐德云. 2008. 产业结构升级形态决定测度的一个理论解释及验证[J]. 财政研究，（1）：46-49.

徐勇，邱兵. 2011. 网络位置与吸收能力对企业绩效的影响研究[J]. 中山大学学报（社会科学版），51（3）：199-208.

薛安伟. 2018. 跨国并购对企业管理效率的影响研究——基于倾向得分匹配方法的实证分析[J]. 国际贸易问题，（3）：24-36.

严兵，张禹. 2016. 生产率、融资约束与对外直接投资[J]. 世界经济研究，（9）：86-96，137.

严兵，张禹，韩剑. 2014. 企业异质性与对外直接投资——基于江苏省企业的检验[J]. 南开经济研究，（4）：50-63.

严兵，张禹，李雪飞. 2016. 中国企业对外直接投资的生产率效应——基于江苏省企业数据的检验[J]. 南开经济研究，（4）：85-98.

阎大颖. 2006. 企业能力理论框架下的跨国并购动因：最新研究进展综述与分析[J]. 经济经纬，（6）：35-38.

阎建东. 1994. 邓宁国际生产折衷理论述评[J]. 南开经济研究，（1）：57-61，22.

杨波，张佳琦，吴晨. 2016. 企业所有制能否影响中国企业海外并购的成败[J]. 国际贸易问题，（7）：97-108.

杨极. 2019. 中国企业对外直接投资的经营绩效研究[D]. 镇江：江苏大学.

杨建清，周志林. 2013. 我国对外直接投资对国内产业升级影响的实证分析[J]. 经济地理，（4）：120-124.

杨恺钧，胡树丽. 2013. 经济发展、制度特征与对外直接投资的决定因素——基于"金砖四国"面板数据的实证研究[J]. 国际贸易问题，（11）：63-71.

杨璐. 2011. 中国市场寻求型对外投资对国内资本形成的影响研究[D]. 长沙：湖南大学.

杨艳琳，卞妍. 2014. 中国对外直接投资亏损问题研究[J]. 时代金融，（30）：22-23，27.

杨长湧. 2011. 美国对外直接投资的历程、经验及对我国的启示[J]. 经济研究参考，（22）：44-51.

姚彩红. 2010. 企业跨国并购动因理论研究综述[J]. 商业经济，（20）：32-33.

叶娇，赵云鹏. 2016. 对外直接投资与逆向技术溢出——基于企业微观特征的分析[J]. 国际贸易问题，（1）：134-144.

叶明确，方莹. 2012. 中国资本存量的度量、空间演化及贡献度分析[J]. 数量经济技术经济研究，（11）：68-84.

叶勤. 2002. 跨国并购的动因及其理论分析[J]. 国际经贸探索，（5）：24-27，35.

叶宗裕. 2010. 中国省际资本存量估算[J]. 统计研究，（12）：65-71.

衣长军，连旭. 2010. 福建对外直接投资对省内产业升级的影响研究[J]. 福建论坛（人文社会科学版），（8）：130-132.

衣长军，苏梽芳. 2008. 我国企业对外直接投资的绩效评价与主体分析[J]. 国际经贸探索，（1）：38-43.

易靖韬, 戴丽华. 2017. FDI 进入模式、控制程度与企业绩效[J]. 管理评论, 29 (6): 118-128.

尹建军. 2003. 美国对外直接投资的分析及对我国的启示[D]. 北京: 对外经济贸易大学.

尹忠明, 李东坤. 2015. 中国对外直接投资对国内产业升级的作用机理——基于不同投资动机的探讨[J]. 北方民族大学学报 (哲学社会科学版), (1): 37-41.

应洪斌. 2016. 结构洞对产品创新绩效的作用机理研究——基于知识搜索与转移的视角[J]. 科研管理, 37 (4): 9-15.

于天慧. 2017. 关于国企对外直接投资风险防控的探究[J]. 商场现代化, (19): 12-13.

余鹏翼, 王满四. 2014. 国内上市公司跨国并购绩效影响因素的实证研究[J]. 会计研究, (3): 64-70, 96.

俞佳根. 2014. 浙江省对外直接投资与产业结构升级实证研究——基于 2002-2012 年面板数据[J]. 财经论丛, (8): 10-15.

俞萍萍, 赵永亮. 2015. 企业异质性与跨国并购——基于我国制造业微观数据的检验[J]. 国际商务 (对外经济贸易大学学报), (6): 136-145.

袁东, 李霖洁, 余淼杰. 2015. 外向型对外直接投资与母公司生产率——对母公司特征和子公司进入策略的考察[J]. 南开经济研究, (3): 38-58.

张春萍. 2013. 中国对外直接投资的产业升级效应研究[J]. 当代经济研究, (3): 43-46.

张国胜. 2015. 中国对外直接投资战略与政策的研究[M]. 北京: 经济科学出版社.

张海波. 2014. 对外直接投资对母国出口贸易品技术含量的影响——基于跨国动态面板数据模型的实证研究[J]. 国际贸易问题, (2): 115-123.

张海亮, 齐兰, 卢曼. 2015. 套利动机是否加速了对外直接投资——基于对矿产资源型国有企业的分析[J]. 中国工业经济, (2): 135-147.

张宏, 韩颖, 张鑫. 2014. 异质性与中国企业 OFDI 自我选择效应实证检验[J]. 亚太经济, (4): 97-104.

张纪凤. 2014. 中国对外直接投资动力机制探讨[J]. 现代经济探讨, (11): 58-62.

张娟, 刘钻石. 2012. 中国对非洲直接投资与资源寻求战略[J]. 世界经济研究, (3): 75-80, 89.

张娟, 刘钻石. 2013. 中国民营企业在非洲的市场进入与直接投资的决定因素[J]. 世界经济研究, (2): 74-79, 89.

张军, 吴桂英, 张吉鹏. 2004. 中国省际物质资本存量估算: 1952—2000[J]. 经济研究, (10): 35-44.

张凌霄. 2016. 政府参与对我国企业对外直接投资绩效影响研究[J]. 经济评论, (5): 124-136.

张为付. 2008. 影响我国企业对外直接投资因素研究[J]. 中国工业经济, (11): 130-140.

张相伟, 龙小宁. 2018. 中国对外直接投资具有跨越贸易壁垒的动机吗[J]. 国际贸易问题, (1): 135-144.

赵伟, 赵金亮, 韩媛媛. 2011. 异质性、沉没成本与中国企业出口决定: 来自中国微观企业的经验证据[J]. 世界经济, 34 (4): 62-79.

赵云鹏. 2017. 对外直接投资对中国产业结构影响研究[D]. 大连: 大连理工大学.

周大鹏. 2016. 区域贸易协定对中国对外直接投资制造企业母公司绩效的影响研究[J]. 国际贸

易问题，（3）：70-80.

周俊. 2012. 浅谈国有企业对外投资的障碍与应对策略[J]. 金融经济，（12）：114-116.

周茂，陆毅，陈丽丽. 2015. 企业生产率与企业对外直接投资进入模式选择——来自中国企业的证据[J]. 管理世界，（11）：70-86.

朱勤，刘垚. 2013. 我国上市公司跨国并购财务绩效的影响因素分析[J]. 国际贸易问题，（8）：151-160，169.

朱玉杰，闫聪. 2015. 国有控股对中国企业对外跨国并购影响的实证分析[J]. 技术经济，34（10）：105-116.

Advincula R V. 2000. Foreign direct investments，competitiveness，and iudustrial upgrading：the case of the Republic of Korea[R]. Seoul：KDI School of International Policy and Management.

Aleksynska M，Havrylchyk O. 2013. FDI from the south：the role of institutional distance and Natural resources[J]. European Journal of Political Economy，29：38-53.

Amann E，Virmani S. 2014. Foreign direct investment and reverse technology spillovers：the effect on total factor productivity[J]. OECD Journal:Economic Studies，（1）：129-153.

Anderff W. 2003. The new multinational corporations：outward foreign direct investment from post-communist economies in transition[J]. Transnational Corporations，12（2）：73-118.

Annabi N，Fougere M，Harvey S. 2009. Inter-temporal and inter-industry effects of population ageing：a general equilibrium assessment for Canada[J]. LABOUR，23（4）：609-651.

Barry F，Gorg H，McDowell A. 2003. Outward FDI and the investment development path of a late-industrializing economy：evidence from Ireland[J]. Regional Studies，37（4）：341-349.

Blomstrom M，Konan D，Lipsey R E. 2000. FDI in the restructuring of the Japanese economy[R]. Cambridge：NBER.

Blonigen B A. 1997. Firm-specific assets and the link between exchange rates and foregin direct investment[J]. American Economic Review，87（3）：447-465.

Branstetter L G. 2001. Are knowledge spillovers international or intranational in scope?：microeconometric evidence from the U.S. and Japan[J]. Journal of International Economics，53（1）：53-79.

Buckley P J，Casson M. 1981. The optimal timing of a foreign direct investment[J]. Economic Journal，91（361）：75-87.

Burt R S. 1992. Structural holes：the social structure of competition[J]. American Journal of Sociology，110（2）：349-399.

Cantwell J，Tolentino P E E. 1990. Technological Accumulation and Third World Multinationals[M]. Berkshire：University of Reading.

Chen J E，Zulkifli S A M. 2012. Malaysian outward FDI and economic growth[J]. Procedia-Social and Behavioral Sciences，65：717-722.

Chen M X，Moore M O. 2010. Location decision of heterogeneous multinational firms[J]. Journal of International Economics，80（2）：188-199.

Coe D T, Helpman E, Hoffmaister A W. 1997. North-south R&D spillovers[J]. The Economic Journal, (440): 134-149.

Debaere P, Lee H, Lee J. 2006. Does where yougo matter? the impact of outward foreign direct investment on multinationals' employment at home[R]. London: Centre for Economic Policy Research.

Dowlinga M, Cheang C T. 2000. Shifting comparative advantage in Asian: new test of the "flying geese" model[J]. Journal of Asian Economics, 11: 443-463.

Driffield N, Chiang M. 2009. The effects of offshoring to China: reallocation, employment and productivity in Taiwan[J]. International Journal of the Economics of Business, 16: 19-38.

Dunning J H. 1977. Trade, location of economic activities, and the MNE: a search for an eclectic approach[J]. International Allocation of Economic Activity, : 395-418.

Dunning J H. 2003. An evolving paradigm of the economic determinants of international business activity[J]. Advances in International Management, 15: 3-27

Elia S, Mariotti I, Piseitello L. 2009. The impact of outward FDI on the home country's labor demand and skill composition[J]. International Business Review, 18: 357-372.

Fahy J. 2002. A resource-based analysis of sustainable competitive advantage in a global environment [J]. International Business Review, 11 (1): 57-77.

Giuliani E, Pietrobelli C, Rabellotti R. 2005. Upgrading in global value chains: lessons from Latin American clusters[J]. World Development, 33: 549-573.

Goldsmith R W. 1969. Financial Structure and Development[M]. New Haven: Yale University Press.

Grubert H, Mutti J. 1991. Taxes, tariffs and transfer pricing in multinational corporate decision making[J]. The Review of Economics and Statistics, 73: 285-293.

Hall R E, Jones C I. 1999. Why do some countries produce so much more output per worker than other?[J]. Quarterly Journal of Economics, 114 (1): 83-116.

Herzer D. 2008. The long-run relationship between outward FDI and domestic output: evidence from panel data[J]. Economic Letters, 100: 146-149.

Huang Y P, Wang B J. 2011. Chinese outward direct investment: is there a China model?[J]. China & World Economy, 19 (4): 1-21.

Javorcik B S. 2004. Does foreign direct investment increase the productivity of domestic firms in search of spillovers through backward linkage[J]. American Economic Review, 94 (3): 605-627.

Kogut B, Chang S J. 1991. Technological capabilities and Japanese foreign direct investment in the United States[J]. Review of Economics and Statistics, (3): 401-413.

Kojima K. 1978. Direct Foreign Investment: a Japanese Model of Multinational Business Operations[M]. London: Croom Helm Ltd..

Larcker D F, So E C, Wang C C Y. 2013. Boardroom centrality and firm performance[J]. Journal of Accounting and Economics, 55 (2-3): 225-250.

Levinsohn J，Petrin A. 2003. Estimating production functions using inputs to control for unobservables[J]. Review of Economic Studies，70（2）：317-341.

Lipsey R E. 2002. Home and host country effect of FDI[R]. Cambridge：NBER.

Mathews J A. 2006. Dragon multinationals：new players in 21st century globalization[J]. Asia Pacific Journal of Management，23：5-27.

Morck R，Yeung B，Zhao M. 2008. Perspectives on China's outward foreign direct investment[J]. Journal of International Business Studies，39（3）：337-350.

Mundell R A. 1957. International trade and factor mobility[J]. American Economic Review，47（3）：321-335.

Ozawa T. 1992. Foreign direct investment and economic development[J]. Transnational Corporations，（1）：27-54.

Peneder M. 2002. Structural change and aggregate growth[R]. Wien：WIFO.

Riedel J，Jin J，Gao J. 2007. How China Grows：Investment，Finance and Reform[M]. Princeton：Princeton University Press.

Thomsen S. 2003. Convergence goes both ways：an alternative perspective on the convergence of corporate governance systems[J]. European Business Organization Law Review，4：31-50.

Tolentino P E，Dunning J. 1993. Technological Innovation and Third World Multinationals[M]. London：Routledge.

Van Pottelsberghe B，Lichtenberg F. 2001. Does foreign direct investment transfer technology across borders?[J]. The Review of Economics and Statistics，83：490-497.

Verbeke A，Dunning J，Lundan S. 1994. Multinational enterprises and the global economy[J]. Journal of International Business Studies，25：190-193.

Vernon R. 1966. International investment and international trade in the product cycle[J]. Quarterly Journal of Economics，80：190-207.

Wooldridge J M. 2002. Econometric Analysis of Cross Section and Panel Data[M]. Cambridge：The MIT Press.

Zaheer A，Bell G G. 2005. Benefiting from network position：firm capabilities，structural holes，and performance[J]. Strategic Management Journal，26（9）：809-825.